KiWi
PAPERBACK
1161

Das Buch

Hautsache billig – dieses Motto von Lidl und anderen Discountern gilt nicht nur für die Produkte, sondern auch für den Umgang mit ihren Mitarbeitern. Unbezahlte Überstunden, ungeheurer Arbeitsdruck und Willkür von Vorgesetzten gehören zum Alltag. Setzen sich Beschäftigte dagegen zur Wehr – zum Beispiel durch die Gründung von Betriebsräten – ist systematische Einschüchterung bis hin zu Psychoterror die Reaktion. Dies musste auch Ulrike Schramm-de Robertis erleben, als sie in einer süddeutschen Lidl-Filiale die Wahl einer Beschäftigtenvertretung initiierte. Doch die Mutter von fünf Kindern blieb standhaft. Sie hat sich gewehrt – mit Erfolg. Heute ist sie eine von weniger als zehn Betriebsräten in den über 3000 Lidl-Filialen in Deutschland.

In ihrem Buch schildert Schramm-de Robertis ihre Erlebnisse als Beschäftigte eines Konzerns, der in der Öffentlichkeit wie kaum ein zweiter mit Skandalen und Ausbeutung assoziiert wird. Es ist ein Plädoyer, nicht alles widerstandslos hinzunehmen.

Die Autoren

Ulrike Schramm-de Robertis,
Jahrgang 1964, ist Verkäuferin und Filialleiterin. Sie arbeitete unter anderem bei KiK, Plus und Lidl. Seit einigen Jahren ist die fünffache Mutter Betriebsrätin in einer süddeutschen Lidl-Filiale. Im Zusammenhang mit den diversen Skandalen des Lebensmitteldiscounters schilderte sie in Talkshows (u. a. »Anne Will«, »Maischberger«) und Interviews die Situation der Beschäftigten. Als aktive Gewerkschafterin unterstützt sie Kolleginnen und Kollegen anderer Betriebe beim Widerstand gegen schlechte Arbeitsbedingungen und Willkür.

Daniel Behruzi,
Jahrgang 1972, hat dieses Buch zusammen mit der Autorin geschrieben. Er lebt in Frankfurt am Main und ist als Journalist u. a. für junge welt und die Zeitschrift LunaPark21 tätig. Zurzeit arbeitet er an einer von der Rosa-Luxemburg-Stiftung geförderten Dissertation zur Situation der Betriebsräte in der Automobilindustrie.

Ulrike Schramm-de Robertis
mit Daniel Behruzi

IHR KRIEGT MICH NICHT KLEIN!

Eine Discounter-Angestellte
kämpft für ihre Rechte

Kiepenheuer & Witsch

2. Auflage 2010

© 2010 by Verlag Kiepenheuer & Witsch, Köln
Umschlaggestaltung: Barbara Thoben, Köln
Umschlagmotiv: © Jürgen Bauer
Gesetzt aus der Minion Pro und der Frutiger
Satz: Pinkuin Satz und Datentechnik, Berlin
Druck und Bindung: CPI – Clausen & Bosse, Leck
ISBN 978-3-462-04185-9

Für meine Mutter,
von der ich das Kämpfen gelernt habe und
die sich so auf das Erscheinen des Buchs gefreut hat.

Leider konnte sie es nicht mehr erleben.
In Liebe und ewiger Erinnerung.

INHALT

VORBEMERKUNG

Wir haben versucht, alle Ereignisse möglichst genau und authentisch darzustellen. Die Dialoge geben zwar womöglich nicht in jedem Fall wortgetreu, aber immer sinngemäß das tatsächlich Geschehene wieder. Sämtliche Namen – außer die einiger Prominenter, des ver.di-Sekretärs Hilmar Müller, des Journalisten Günter Wallraff und natürlich mein eigener – sind frei erfunden. Zudem sind einige Ortsnamen aus Gründen des Persönlichkeitsschutzes abgekürzt.

Ich möchte betonen, dass es mir mit diesem Buch nicht um eine persönliche Abrechnung mit einzelnen Unternehmen oder Personen geht. Ich will vielmehr zeigen, dass es allen Ängsten und Widerständen zum Trotz möglich ist, sich gegen menschenunwürdige Arbeitsbedingungen – die nicht nur bei Discountern, sondern auch in vielen anderen Unternehmen vorherrschen – zur Wehr zu setzen. Ich will Menschen ermutigen, sich gemeinsam mit anderen für ihre Rechte einzusetzen. Denn die Würde des Menschen muss unantastbar sein.

Unser Dank gilt Frank Bsirske für seinen Beitrag zu diesem Buch. Günter Wallraff danken wir dafür, dass er uns stets mit Rat und Tat zur Seite stand. Dank schulden wir Hilmar Müller, ohne den viele Details nicht mehr zu rekonstruieren gewesen wären. Wir danken Lutz Dursthoff, Stephanie Kratz, Ulla Brümmer und Gaby Callenberg vom Verlag Kiepenheuer & Witsch für die sehr angenehme Zusammenarbeit. Dem Rechtsanwalt Rüdiger Helm danken wir herzlich für die juristische Überprüfung des Manuskripts. Unser ganz besonderer

Dank gilt Kathrin Hedtke, die das Ergebnis unserer Arbeit durch ihre geduldige, solidarische Kritik maßgeblich geprägt hat.

Ich danke meiner Familie, die in den vergangenen Jahren viel mitmachen musste und immer zu mir gehalten hat. Danke, Angelika – für alles!

Vor allem aber möchte ich mich bei meinen Kolleginnen und Kollegen bedanken. Ohne euch gäbe es keinen Betriebsrat und kein Buch.

Ulrike Schramm-de Robertis
Daniel Behruzi
Bamberg/Frankfurt am Main, im Dezember 2009

GELEITWORT

Frank Bsirske, Vorsitzender der Gewerkschaft ver.di

Die Arbeitsbedingungen im Handel sind hart. Besonders hart geht es bei bundesdeutschen Discountern wie Lidl zu. Das zeigt das Buch von Ulrike Schramm-de Robertis auf eindrucksvolle Weise. Es basiert auf langjährigen Erfahrungen: Ulrike hat viele Jahre bei Discountern gearbeitet, seit über acht Jahren ist sie Filialleiterin bei Lidl und eine der wenigen Betriebsrätinnen im Unternehmen.

Wegen der skandalösen Zustände beim zweitgrößten deutschen Lebensmitteldiscounter hatte ver.di bereits 2002 ein Lidl-Projekt für bessere Arbeitsbedingungen und mehr Mitbestimmung initiiert. Im »Schwarzbuch Lidl«, das ver.di 2004 veröffentlichte, berichteten viele Beschäftigte über die miserablen Arbeitsbedingungen bei dem Discounter, über permanenten Arbeitsdruck, respektlose Behandlung durch Vorgesetzte, Drohungen, Kontrollen und unbegründete Kündigungen. Und noch etwas kam ans Tageslicht: Gewerkschaftsmitgliedschaft und Betriebsratswahlen waren bei Lidl regelrecht verpönt.

Anfang 2005 startete ver.di die »Lidl-Kampagne«. Mit zahlreichen Aktionen etwa zum Internationalen Frauentag, der regelmäßig erscheinenden Zeitung »Schwarz-Markt« und örtlichen Initiativen zur Unterstützung von Betriebsratswahlen bei Lidl gelang es, die öffentliche Aufmerksamkeit auf die inakzeptablen Arbeitgeberpraktiken beim Lebensmitteldiscounter zu lenken. Das war auch dringend nötig, so etwa, als im Sommer 2005 die Betriebsratswahl in einer Münchener Lidl-Filiale vom Arbeitgeber ausgehebelt wurde. Oder als einige Zeit später einer der wenigen existierenden Betriebsräte im baden-württembergischen Calw im Zuge der Filialschließung beiläufig mit abgewickelt wurde.

Zwar verbesserte sich einiges durch die stärkere öffentliche Aufmerksamkeit und die Wachsamkeit von Gewerkschaften und – sofern es welche gab – Betriebsräten: Überstunden wurden genauer notiert und vergütet. Zeitweise änderte sich auch das Arbeitsklima in manchen Filialen. Und das Unternehmen suchte erstmals in seiner Geschichte die Öffentlichkeit, stellte gar einen Pressesprecher ein, der »gut Wetter« für Lidl machen sollte.

Grundsätzlich änderte das alles jedoch wenig. Im Sommer 2006 legte eine Autorengruppe im Auftrag von ver.di das »Schwarzbuch Lidl Europa« vor. Was hier zwischen Spanien und Polen, Italien und Irland recherchiert und dokumentiert wurde, zeigte, dass die Unternehmensgruppe Schwarz ihre Discounterfilialen in ganz Europa nach denselben Prinzipien betrieb: wenig Personal, extrem verdichtete Arbeit, ständige Kontrollen durch Vorgesetzte und die Verweigerung jeglicher betrieblicher Mitbestimmung.

Immer mehr Menschen in der Gewerkschaft, aber auch außerhalb engagierten sich für die Einhaltung von Arbeitnehmerrechten bei Lidl. Unterstützerteams entstanden, die als Filialbegleiter/innen Beschäftigte bei Lidl über ihre Möglichkeiten informierten, Betriebsräte zu wählen und damit selbst aktiv für bessere Arbeitsbedingungen zu werden. In mehreren Lidl-Filialen konnten Betriebsräte gewählt werden.

Das sind wichtige Fortschritte – aber das ist nicht genug. Denn Lidl verstößt weiterhin systematisch gegen geltendes Recht. Schon in den beiden Schwarzbüchern hatten die Autoren aufgedeckt, dass in Lidl-Filialen Beschäftigte mit versteckt angebrachten Videokameras überwacht wurden. Für diese Praktiken hatte Lidl-Gründer Dieter Schwarz bereits 2004 den »Big Brother Award« erhalten.

Es kam aber noch schlimmer: Durch eine Veröffentlichung im *stern* wurde 2007 bekannt, dass in vielen Lidl-Filialen jahrelang nicht nur die illegale Videoüberwachung, sondern auch die Ausforschung durch Detektive gang und gäbe war. Unter dem öffentlichen Druck sagte das Unternehmen ein neues, gesetzeskonformes Überwachungskonzept zur Diebstahlprävention zu.

Doch auch dieses Mal zeigte sich: Die Unternehmensspitze bei Lidl gibt immer gerade so viel zu, wie ohnehin schon bekannt ist, und gelobt so viel Besserung, wie nötig ist, um den Imageschaden in Grenzen zu halten. Erst unlängst, im Frühjahr 2009, wurde bekannt, dass noch lange nach dem öffentlichen Skandal um die Bespitzelungen illegal Krankendaten von Beschäftigten gesammelt wurden. Nur dank einer Nachlässigkeit, weil solche Datenblätter in einer Abfalltonne gefunden wurden, kam diese neueste Lidl-Affäre ans Licht.

Das alles macht deutlich: Klare Regelungen, die solche Unternehmenspraktiken unterbinden, sind überfällig. Es darf einem Unternehmen nicht möglich sein, gesetzlich garantierte Mitbestimmungsrechte auszuhebeln. Ebenso wenig kann hingenommen werden, dass entgegen geltendem Recht Mitarbeiter und Mitarbeiterinnen kontrolliert, überwacht und bespitzelt werden.

»Lidl lohnt sich« – mit diesem Slogan wirbt das Unternehmen. Für wen gilt das eigentlich? Sicher nicht für die geringfügig Beschäftigten, die oft auf Abruf arbeiten und in ihrer Filiale zwischen Kasse, Warenverräumung und Putzdiensten hin und her hetzen. Sicher nicht für die Arbeiterinnen in Bangladesch, die auch für Lidl billige Kleidung als Aktionsware schneidern. Lidl lohnt sich – in erster Linie für diejenigen, die den großen Anteil am Milliarden-Umsatz-Kuchen für sich vereinnahmen. Lidl-Gründer Dieter Schwarz gehört heute immerhin zu den reichsten Bundesbürgern.

Wie das System Lidl viele Jahre funktionierte, was für menschenverachtende, gesetzeswidrige Praktiken dort an der Tagesordnung waren, wie versucht wurde, Menschen, die sich dagegen wehren, kleinzukriegen und kaltzustellen, beschreibt der Erfahrungsbericht von Ulrike Schramm-de Robertis äußerst einprägsam.

Den Beschäftigten bei Lidl geht es um etwas ganz Einfaches: Sie wollen gute Arbeit unter guten, menschenwürdigen Arbeitsbedingungen leisten. Wie Ulrike geht es den meisten Verkäuferinnen: Sie lieben ihren Beruf, sie sind aus Überzeugung im Verkauf tätig. Aber sie verlangen dafür Respekt, Anerkennung und das Recht auf Mitbestimmung im Betrieb. ver.di wird nicht locker lassen, anständige und faire Arbeitsbedingungen auch bei Lidl, Aldi, Schlecker und Co. einzufordern und durchzusetzen. Die Würde des Menschen ist unantastbar.

1

FILIALBESUCH

Der Bezirksleiter Schulz eilt im Geschäft mit ernstem Blick auf mich zu. »Frau Schramm, eine Filialbegehung steht an«, ruft er aufgeregt. »Was bedeutet das genau?«, frage ich. Seit etwa anderthalb Jahren leite ich die Filiale des Textildiscounters KiK in H. Schulz erklärt: »Nächste Woche kommen die Leute vom Ein- und Verkauf, von der Dispo und so weiter.« Auch der Geschäftsführer sei dabei. »Die Filiale muss tipptopp ausschauen«, sagt Schulz in strengem Ton.

Die folgende Woche ist für mich und meine Stellvertreterin Martina Stress pur. Alles muss geordnet werden: rote T-Shirts zu roten T-Shirts, schwarze Jacken zu schwarzen Jacken. Sämtliche Kleidungsstücke werden akkurat gefaltet und in Regale gelegt oder einzeln auf Bügel gehängt. Das Problem: Das Geschäft ist in dieser Zeit nicht geschlossen. Jeden Tag laufen bis zu 400 Kunden durch den Laden und bringen alles wieder durcheinander. Sie hängen die Kleidung sonst wohin, durchstöbern die Ablagen mit Socken oder Unterwäsche, sodass es in kürzester Zeit aussieht wie auf einem Wühltisch. Wir laufen ständig hinterher und bringen alles wieder in Ordnung. Auch der Fliesenboden ist eine Herausforderung. Jeden Tag vor Feierabend müssen wir mit einfachen Reinigungsgeräten 600 Quadratmeter reinigen – und das bei den vielen Flusen, die von der Kleidung fallen.

Geöffnet ist ab 9 Uhr. Doch in den letzten drei Tagen vor der Begehung sind wir von 7 Uhr früh bis spätnachts im Laden. Schließlich kann die normale Arbeit nicht liegen bleiben.

Weiterhin wird ständig neue Ware angeliefert. Jede Hose, jeder Pullover, jedes T-Shirt muss ausgepackt und auf Bügel gehängt werden – das kostet Zeit. Am Ende wissen wir nicht mehr, wo uns der Kopf steht. Mit dem vorhandenen Personal ist die zusätzliche Arbeit nicht zu bewältigen. Und von den Aushilfen oder meinem Handelsassistenten kann ich schlecht verlangen, dass sie zwölf Stunden oder noch länger arbeiten. Also bleibt alles an Martina und mir hängen.

Das größte Problem ist der fehlende Platz. Denn KiK hat kein Lager. Alles, was angeliefert wird, muss im Verkaufsraum untergebracht werden. Just zwei Tage vor der Begehung dann die Katastrophe: Wir bekommen eine Palette mit mehr als hundert Kartons mit T-Shirts, Unterwäsche usw. zu viel geliefert. Wohin damit? Die Kartons einfach in den Aufenthaltsraum stellen? Geht nicht, der Chef wird sich sicher nicht nur den Verkaufsraum ansehen. Also müssen wir auch diese Sachen noch in die Regale einsortieren. Um Platz dafür zu schaffen, müssen wir wieder alles umräumen.

Wir arbeiten und arbeiten. Um 3 Uhr nachts geht es einfach nicht mehr. »Wir können ja bei mir übernachten«, schlägt Martina vor, die im Gegensatz zu mir im Ort wohnt.

»Martina, das lohnt sich doch gar nicht. Wir können ohnehin maximal zwei, drei Stunden schlafen, dann müssen wir weitermachen, sonst schaffen wir es nicht.«

Ich habe zum Glück noch ein paar Decken im Auto, die holen wir. Im Aufenthaltsraum breiten wir zerrissene Kartons auf dem Fußboden aus und legen uns darauf, eine Decke unter dem Kopf, eine zum Zudecken. Ich schlafe schlecht. Um 6 Uhr stehen wir wieder auf und holen uns beim Bäcker einen Kaffee. Dann geht es wieder an die Arbeit.

Einige Stunden später erscheint der Bezirksleiter. Er ist begeistert, als er den blitzblanken Laden sieht: »Super habt ihr

das gemacht. Das sieht hier ja aus wie bei der Neueröffnung.«
Dass wir in der Nacht im Laden übernachtet haben, sagen wir
ihm nicht. »Ist gestern denn noch Ware gekommen?«, fragt
er. »Ja, aber das haben wir alles schon weggeräumt«, sage ich.
Schulz ist sichtlich beeindruckt. Mir geht das runter wie Öl.

Am Abend vor der Filialbegehung kommen gegen 18 Uhr
zwei elegant gekleidete junge Männer herein. Das können
keine normalen Kunden sein, solche Leute kaufen nicht bei
KiK ein, denke ich. Die beiden gehen schnurstracks an uns
vorbei in die Kinderabteilung, wo sie anfangen, Jeanshosen
von einem Kleiderständer zu reißen. Das gibt es doch nicht,
man kann sich ja wohl zumindest vorstellen, denke ich.
Schließlich bin ich hier die Filialleitung. Ich gehe also hin und
sage: »Grüß Gott, ich gehe davon aus, dass Sie von der Firma
KiK sind?«
»O ja, ja, grüß Gott. Sie sind die Filialleiterin? Wir haben
keine Zeit«, sagt einer von ihnen, der braun gebrannt, mit
modisch hochgegelten Haaren vor mir steht.
»Sie könnten sich zumindest mal vorstellen, wenn Sie hier
reinkommen. Wir kennen uns schließlich nicht.« Ich bin völlig übermüdet, mein Ton ist entsprechend gereizt.
»Wir sind vom Einkauf und haben neue Ware mitgebracht,
die wir der Geschäftsführung präsentieren wollen«, erklärt
der eine, während er wahllos Kleidungsstücke über neben-
stehende Ständer wirft. Und im Befehlston ergänzt: »Räumen
Sie das weg.«
Die beiden packen Sweatshirts und Hosen aus Kartons und
hängen sie auf den frei gemachten Rundständer, sodass die
neuen Waren ansehnlich präsentiert sind. Dann marschieren
sie in die Damenabteilung und machen dort weiter. Innerhalb von einer halben Stunde machen sie so unsere tagelange
Arbeit zunichte.

»Martina, was machen wir denn jetzt? Wo tun wir bloß die Hosen hin?«, frage ich meine Kollegin verzweifelt. »Sollen wir sie aus dem Fenster oder ins Klo werfen, oder was?« Wir haben schließlich überhaupt keinen Platz mehr. Die einzige Lagerfläche ist ein entlang der Wände in etwa zweieinhalb Metern Höhe angebrachtes Regalbord, auf dem rote Körbe mit Nachfüllware stehen. Aber auch hier ist alles voll. »Ach, Chefin, wir stellen die Körbe einfach quer, sodass wir mehr reinkriegen«, schlägt Martina vor. Das ist tatsächlich die einzige Möglichkeit, auch wenn die Körbe dann überstehen.

Es ist mittlerweile 19.30 Uhr. Martina steht auf einer Leiter, ich gebe ihr die Körbe mit den überzähligen Waren an und schimpfe: »Was hier abgeht, ist doch unmöglich. Man rödelt tagelang rum, und dann kommen einfach welche, stellen sich nicht einmal vor und machen unsere Arbeit innerhalb von einer halben Stunde zunichte.« Martina nickt zustimmend, während sie die Körbe verrückt. »Aber das interessiert die einfach nicht. Das geht denen am Arsch vorbei. Und so ein arrogantes Auftreten, als wären wir der letzte Dreck. Nur weil sie Schlipsträger sind, oder was? Wer bringt denn den Umsatz, das sind ja wohl nicht die, sondern wir. Wenn man so behandelt wird, wundert es mich nicht, dass KiK keine guten Leute findet oder die bald wieder kündigen. Und die Bezahlung passt auch nicht.«

Martina schimpft kräftig mit. Es sind ohnehin kaum noch Kunden in der Filiale, so kurz vor Ladenschluss. Nur einer steht etwa drei Meter entfernt von mir und wühlt in einer Sockenkiste. Er ist ungefähr in meinem Alter, so Mitte 30, trägt einen Jogginganzug und hat eine Mütze auf. Der Mann ist durchtrainiert und braun gebrannt. Der kommt wohl gerade aus dem Urlaub – meiner ist auch schon wieder viel zu lange her, schießt es mir durch den Kopf. Er lächelt nett und nickt mir ermutigend zu. Ich beziehe ihn ins Gespräch mit ein: »Normalerweise bin ich ja nicht so, aber irgendwann reicht es einem auch.« Martina steigt wieder ein: »Ich hab auch die Schnauze voll. Komm, Chefin, wir hören hier auf und suchen uns eine andere Arbeit. Was Besseres als hier finden wir allemal. Denn an uns kann es nicht liegen: Unser Umsatz passt, die Kunden sind zufrieden – wir finden bestimmt überall was.« Der Mann nickt uns zu und lächelt, sagt aber nichts. Ich unterhalte mich weiter mit meiner Kollegin: »Martina, eins sag ich dir: Ich kenne diesen Herrn Geschäftsführer ja nicht. Aber wenn der morgen kommt und nur ein Wort darüber verliert, dass das jetzt nicht so passt oder dass die Körbe da oben überstehen, dann nehme ich 'ne Knarre und puste den weg. Ich hab nichts mehr zu verlieren, ist mir so was von egal.«

Später denke ich mir: Na, das war vielleicht nicht so gut, so etwas zu sagen, wenn noch ein Kunde im Laden ist. Dann aber: Macht jetzt auch nichts mehr. Für mich steht an diesem Tag fest: Ich werde kündigen. Wir arbeiten wie die Tiere, bekommen die Überstunden nicht bezahlt, und dann kommen auch noch irgendwelche Manager, die den ganzen Laden wieder durcheinanderbringen. Am meisten hat mich gekränkt, dass sie reingekommen sind – und sich nicht einmal vorgestellt haben. So etwas verbietet der Anstand. Schon im Kindergarten lernt man, dass man »Guten Tag, Grüß Gott, Auf Wiedersehen« sagt. Aber die Herren haben das einfach nicht für nötig befunden. Die zeigen damit, dass sie sich für etwas Besseres halten.

Wie immer nach Geschäftsschluss machen wir an diesem Abend die Kassenabrechnung. Während wir das Geld zählen, klingelt das Telefon. Was ist denn jetzt noch, denke ich. Wir sind zu diesem Zeitpunkt schon völlig am Ende, wollen nur noch nach Hause und schlafen. Der Bezirksleiter Schulz ist am Apparat: »Frau Schramm, sitzen Sie?«

»Nein, ich stehe. Ich mache gerade die Abrechnung.«

»Die Geschäftsführung hat mich angerufen. Sie und Ihre Stellvertretung sollen morgen bei der Besprechung im Hotel Göller dabei sein.«

»Aha, ist in Ordnung.« Ich vermute nichts Schlimmes.

»Aber das ist ganz und gar ungewöhnlich, Frau Schramm. Ich habe hin und her überlegt, was da los ist. Haben Sie irgendwas gemacht?«

»Was sollen wir denn gemacht haben? Und überhaupt: Zu was bin ich denn da genau eingeladen?«

»Das müssen Sie sich so vorstellen: Bei diesem Treffen kommen die ganzen Kollegen vom Einkauf, vom Vertrieb, alle Verkaufsleiter der Region und der Geschäftsführer zusammen, um über die Verkaufszahlen zu sprechen und darüber, was verbessert werden könnte. Warum die Filialleitung bei so einem Meeting dazugeladen ist, kann ich mir überhaupt nicht erklären.«

»Also, wenn die meinen, dass wir dabei sein sollen, gehen wir halt hin. Warum auch nicht? Mir ist das inzwischen eh egal. Ich hatte nämlich gerade eine Begegnung mit zwei Herren, die mir den ganzen Laden durcheinandergebracht haben. Wir haben zwar versucht, das alles wieder so hinzubekommen, wie Sie es heute Morgen gesehen haben. Aber ich habe eigentlich genug von dem Ganzen hier.«

»Jetzt drehen Sie mal nicht durch, Frau Schramm. Der Laden hat doch gepasst. Ist doch alles in Ordnung.«

»Nein, ist es nicht. Und Martina reicht es auch. Für Sie machen wir das morgen noch, aber wir möchten Sie gleich schon mal informieren, dass wir uns was anderes suchen.«

»Sie sind jetzt wahrscheinlich auch ziemlich abgespannt. Ruhen Sie sich erst einmal aus, dann reden wir noch mal drüber.«

Am nächsten Morgen stehen Martina und ich um 7.30 Uhr in der Filiale. Wir putzen noch die Kassen, als eine halbe Stunde später auch schon der Bezirksleiter mit Frau Vollmer, seiner nächsten Vorgesetzten, vor der Tür steht. Sie nimmt mich sofort zur Seite. Die etwa 40-jährige Frau blickt nervös hin und her, schaut mir aber nicht in die Augen. Sie fragt: »Was war denn gestern los bei Ihnen?« Auch sie wundert sich, dass ich an dem Treffen teilnehmen soll. Ich bin langsam genervt: »Ich weiß auch nicht, warum. Aber wieso machen Sie denn so ein großes Ding daraus? Was ist denn daran so ungewöhnlich?« Schließlich nehme sogar der Chef des Konzerns daran teil, versucht Frau Vollmer zu erklären. Ich kann die ganze Aufregung nicht verstehen.

Kurz vor Ladenöffnung kommt ein Tross von Schlipsträgern zur Tür herein. Ich traue meinen Augen nicht: Inmitten von ihnen der gut aussehende, braun gebrannte Mann, der gestern im Jogginganzug neben der Sockenkiste stand. Mir wird schlagartig heiß. Das ist der Geschäftsführer! Sofort fällt mir ein, was ich gestern Abend alles von mir gegeben habe. Ausgerechnet der! Das kann doch nicht sein. Das darf nicht sein, denke ich. Ich möchte mich am liebsten in Luft auflösen, in einem Loch versinken. Doch er kommt geradewegs auf mich zu, gibt mir die Hand und sagt: »Zunächst möchte ich mich einmal vorstellen: Ich bin Herr Hinze.« Offenbar hat er meine Empörung darüber mitbekommen, dass die zwei Männer nicht gegrüßt haben. Ich stammele: »Ich bin Frau Schramm-de Robertis.«

Wir stehen an der Tür zum Aufenthaltsraum, die anderen verteilen sich im Laden, sodass sie unser Gespräch nicht mit anhören können. Mit einem vielsagenden Lächeln meint Herr Hinze: »Aber Ihre Knarre haben Sie nicht dabei, oder?«

»Es tut mir leid, ich habe gestern vielleicht ein bisschen übertrieben. Aber wissen Sie, ich bin einfach total am Ende, ich kann nicht mehr. Und meiner Kollegin geht es genauso.«

Sein Gesicht wird ernst. »Ich wundere mich ohnehin schon seit Langem, warum gute Kräfte, die ordentlichen Umsatz machen, auf einmal kündigen. Das ist nicht in unserem Interesse. Denn wir wollen ein Unternehmen aufbauen – und gutes Personal zu finden ist heutzutage nicht einfach.«

»Na, und bei der Bezahlung sowieso«, bricht es spontan aus mir raus. Ich verfluche mich erneut für mein loses Mundwerk.

Er sieht einen Moment verwirrt aus, spricht dann aber weiter: »Frau Schramm, Sie wissen ja, dass Sie heute Nachmittag eingeladen sind. Und ich möchte Sie bitten, alles zu sagen, was Sie gestern gesagt haben, und alles, was Ihnen sonst noch einfällt. Sie brauchen keine Angst zu haben, dass Ihnen irgendetwas deswegen passiert.«

Das Gespräch dauert nur wenige Minuten. Ich atme tief durch und gehe wieder meiner Arbeit nach. Die Anzugträger sind noch eine Stunde im Laden, dann verschwinden sie. Um 12 Uhr holt mich mein Bezirksleiter ab. Gemeinsam fahren wir zum Hotel. Zunächst sind alle zum Essen in der rustikalen »Frankenstube« eingeladen – ich auch. Mir wird ein Platz am Tisch des Geschäftsführers zugewiesen. Es gibt Weißwürste mit süßem Senf und Brezeln. Herr Hinze fragt mich, wie man sie in Bayern isst, und ich zeige ihm das »Zuzeln«. Er ist locker und sympathisch, irgendwie habe ich mir den Chef eines solch riesigen Unternehmens anders vorgestellt.

Nach dem Essen geht es nach oben in den Tagungsraum. Ich nehme zusammen mit Herrn Hinze an der Stirnseite des langen, u-förmigen Tisches Platz. Rechts und links sitzen die Verkaufsleiter, Einkäufer und anderen Manager. Alle schauen uns an. Der Geschäftsführer beginnt: »Ich habe Frau

Schramm eingeladen. Sie ist Leiterin unserer Filiale in H. Zufällig habe ich gestern eine sehr interessante Unterhaltung mitbekommen. Frau Schramm, ich möchte Sie nun bitten, alles zu sagen, was Ihnen am Herzen liegt, wie Sie die Situation des Unternehmens und die Arbeitsbedingungen einschätzen.« An die anderen am Tisch gewandt, fügt er mit lauter und erboster Stimme hinzu: »Denn wir wollen schließlich aus Fehlern lernen. Das geht aber nur, wenn mir die Informationen auch mitgeteilt werden. Und das, was Frau Schramm gestern gesagt hat, habe ich bisher noch von niemandem erfahren. Das geht so nicht. Ich möchte nicht immer nur hören, dass alles super ist, sondern auch, wenn etwas nicht läuft und wenn es Kritik gibt.«

Ich fange also an zu reden. Am Anfang habe ich einen Kloß im Hals. Vor solchen Leuten zu sprechen bin ich schließlich nicht gewohnt. Nach einer Weile geht es besser. Ich erzähle, wie es tatsächlich ist. »Man ist zwölf Stunden in der Filiale und kann nicht mal Pause machen, manchmal hat man nicht mal die Zeit, auf Toilette zu gehen.« Und über die Bezahlung: »Wir arbeiten von morgens acht bis abends acht. Dafür bekommt man als Filialleiterin am Ende des Monats gerade mal 2000 D-Mark ausgezahlt. Wer macht denn das auf Dauer? Da mache ich doch lieber irgendeinen Idiotenjob in der Fabrik. Dann muss ich nicht nachdenken, bekomme aber jede Stunde bezahlt. Und wenn Feierabend ist, ist Feierabend. Als Filialleiterin bin ich dagegen den ganzen Tag angespannt. Ich möchte für diese Arbeit auch vernünftig bezahlt werden. Es kann schließlich nicht sein, dass ich nebenher noch putzen oder bedienen gehen muss, um meine Familie zu ernähren. Wann soll ich das auch machen? Am Sonntag?«

Ich spreche weiter: »Außerdem stört mich, dass ich keinen freien Tag mehr kriege, wenn ein Feiertag in der Woche ist.

Ich bin mein ganzes Leben im Verkauf. Und da ist es normal, dass man einen Tag in der Woche frei bekommt, auch wenn es einen Feiertag gibt. Ich kann ja schließlich nichts dafür, wenn zum Beispiel Ostern ist. Ich habe dann ja trotzdem Dinge zu erledigen, Arztbesuche oder so.«

Langsam rede ich mich in Rage. Doch alles sage ich nicht. Meinen Bezirksleiter und die Verkaufsleiterin lasse ich zum Beispiel außen vor. Dabei sind sie es, die den Druck machen. Doch ich denke: Egal, was der Geschäftsführer sagt – wenn ich hier rausgehe, bin ich denen ausgeliefert. Zum Schluss sage ich: »So ist die Situation für die Beschäftigten. Hier hält es niemand lange aus. Ich frage Sie: Ist es gut für ein Unternehmen, wenn jede Woche in der Zeitung steht: ›Wir suchen motivierte Mitarbeiter‹? Da merkt doch jeder, dass irgendwas faul ist: Entweder stimmt das Geld nicht oder die Arbeitsbedingungen sind schlecht. Gerade wenn man ein Unternehmen aufbauen will, kann das doch nicht funktionieren.«

Ich rede eine gute halbe Stunde. Danach sagt Herr Hinze: »Frau Schramm, ich möchte mich bei Ihnen dafür bedanken, dass Sie alles so offen und frei von der Leber weg gesagt haben.« Und zu den anderen: »So, meine Damen und Herren. Was lernen wir jetzt daraus?« Alle sind mucksmäuschenstill. Keiner der Angesprochenen sagt ein Wort. Nach einigen Augenblicken spricht der Geschäftsführer weiter: »Lassen Sie sich das durch den Kopf gehen. Jetzt machen wir erst einmal eine Kaffeepause.« An den weiteren Gesprächen nehme ich nicht mehr teil.

Als ich aus dem Hotel komme, bin ich innerlich total aufgewühlt. Vor so vielen »hohen Tieren« habe ich noch nie geredet. Ich bin stolz, dass ich nicht gekniffen und ihnen reinen Wein eingeschenkt habe. Ob ich jetzt wohl Ärger kriege? Aber schließlich will ich ja ohnehin aufhören. Und vielleicht bewirkt es doch etwas. Dann der Gedanke: Warum habe ich eigentlich immer Angst gehabt, etwas zu sagen? Es geht doch – man muss sich nur trauen.

2

TRAUMBERUF VERKÄUFERIN

Auch wenn ich über die Arbeitsbedingungen bei KiK schimpfe, ist Verkäuferin doch mein Traumberuf – etwas anderes kam
für mich nie infrage. Schon als Kind habe ich am liebsten mit
meinem Kaufladen gespielt. Vor allem die Streitgespräche mit
meinen »Kunden« – zumeist waren das meine beiden älteren
Brüder – haben mir Spaß gemacht, obwohl es meinen Ge-
schwistern dabei vor allem um den Puffreis ging, der in den
kleinen Schächtelchen steckte. »Du wirst einmal Verkäuferin.
Du kannst den Leuten notfalls auch Scheiße in Stanniolpapier
verkaufen«, hat mein Opa deshalb immer gesagt. Mein Vater
war selbstständiger Installateur und verkaufte auch Zubehör.
Deshalb kamen immer wieder Kunden zu uns nach Hause,
und schon mit sieben Jahren habe ich ihnen ein Rohrstück,
einen Siphon oder Ähnliches aus dem Keller geholt und das
Geld dafür kassiert.

Nach dem Schulabschluss in meinem Heimatort Scheß-
litz bei Bamberg ging ich mit 15 Jahren also auf die Suche
nach einer Lehrstelle im Einzelhandel. Ich musste nicht viele
Bewerbungen schreiben – damals gab es den Ausbildungs-
platzmangel heutiger Tage nicht. Beim Kaufhaus Honer, einem 1842 gegründeten Familienunternehmen in Bamberg,
hatte ich Erfolg. Hier lernte ich in einer zweijährigen Ausbildung den Verkauf von Töpfen, Pfannen, Besteck und anderen
Haushaltswaren. Gleich zu Beginn meiner Lehre sprach mich
Monika, eine Kollegin aus dem dritten Lehrjahr, an: »Wir sind
hier alle in der Gewerkschaft. Das ist die Interessenvertretung

der Arbeitnehmer. Du solltest auch Mitglied werden.« Ohne viel darüber nachzudenken, trat ich daraufhin der Deutschen Angestelltengewerkschaft (DAG) bei.

Gebraucht habe ich zu dieser Zeit allerdings weder die Gewerkschaft noch den Betriebsrat, der in dem Unternehmen ebenfalls eine Selbstverständlichkeit war. Die Arbeit machte Spaß, und der Kontakt zu den Chefs, vor allem zum Senior, war sehr gut. Eine Episode werde ich nie vergessen: Ich wollte mit meinem Freund zum ersten Mal mit dem Reisebus nach Spanien in Urlaub fahren. Am Sonnabend kaufte ich bei uns im Laden einen Koffer, am nächsten Tag sollte es losgehen. Doch dann vergaß ich meine Neuerwerbung im Geschäft. Was mache ich denn jetzt? Ich brauche den Koffer doch, dachte ich. Ich fasste mir ein Herz und rief den Seniorchef zu Hause an. Nach einigem Erklären und Flehen kam dieser tatsächlich zum Laden, sperrte auf und gab mir den Koffer. Welcher Geschäftsführer bei Karstadt, Kaufhof oder einem anderen Konzern würde so etwas heute machen?

Nach meiner Ausbildung arbeitete ich weiter als Aushilfe in der Haushaltswarenabteilung. Kurz darauf begann Annika hier ihre Lehre. Die kleine Frau mit den langen schwarzen Haaren war genauso quirlig und aktiv wie ich. Wir verstanden uns auf Anhieb. Die damals 15-Jährige musste schon früh alleine zurechtkommen. Ich unterstützte sie, so gut es ging. Innerhalb kürzester Zeit wurden wir die besten Freundinnen – bis heute. Als ich 18 Jahre alt war, wurde meine Tochter Sabrina geboren. Danach arbeitete ich nur noch samstags bei Honer. Später wollte ich wieder mehr arbeiten, weshalb ich zur Firma Hergenröder wechseln musste.

Auch in diesem Unternehmen, das seit 1820 Haushalts- und Eisenwaren verkauft und in dem die ganze Eigentümerfamilie mit anpackte, fühlte ich mich wohl. Bei Problemen konnte ich ohne Angst mit den Chefs sprechen. Wenn zum Beispiel mein Kind krank war, rief ich einfach bei ihnen zu Hause an – sie waren immer verständnisvoll. Selbstverständlich war ich deshalb selbst auch bereit einzuspringen, wenn es nötig war. Als ich 22 Jahre alt war, bekam ich Marco, mein zweites Kind. Vier Jahre später folgte Carina, kurz darauf Robert. Ich arbeitete in dieser Zeit halbtags, die Kinder waren während meiner Arbeitszeit bei der Tagesmutter oder im Kindergarten.

Mit 29 Jahren begann ich, in einem Kleidergeschäft zu arbeiten. Die Umstellung von Haushaltswaren auf Textilien fiel mir nicht schwer. Denn der Verkauf eines Topfes oder einer Pfanne erfordert eine viel intensivere Beratung als der einer Hose oder eines Pullovers. Das Konzept des Geschäfts war: billig einkaufen – billig verkaufen. Das funktionierte. Wenn das hier klappt, kann ich das sicher auch, dachte ich und begann, von einem eigenen Laden zu träumen. Nur fehlte mir das Startkapital. Also stellte ich mich an den Wochenenden auf Flohmärkte. Erst handelte ich mit gebrauchter, später mit neuer Kleidung, die ich billig von Großhändlern einkaufte – die Kontakte zu ihnen hatte ich über meine Arbeit. So bekam ich schließlich das Geld für ein kleines Geschäft zusammen.

Große Stückzahlen konnte ich nicht abnehmen. Deshalb fragte ich bei den Großhändlern nach Restposten oder zahlte fünf Pfennig mehr pro T-Shirt. Diese kosteten im Einkauf zwischen 1,10 und 1,60 D-Mark. Ich verkaufte sie beispielsweise für 3,95 D-Mark weiter. Das war sehr preiswert und warf dennoch ordentlichen Profit ab. Die Menschen für wenig Geld einzukleiden – das lag mir sowieso mehr, als eine schicke Boutique aufzumachen. Dort acht Stunden rumzustehen und lediglich ein Dutzend Kunden zu bedienen, hätte mich gelangweilt. Auch mit den Kunden wäre ich sicher nicht so gut zurechtgekommen. Ich kann mich besser mit Menschen identifizieren, die wie ich aufs Geld schauen müssen. Ich kann voll und ganz verstehen, wenn eine Frau zu mir sagt:

»Die Hose finde ich zwar toll, aber 39 Mark sind mir zu viel.« Dann würde ich ihr auch nichts aufschwatzen, denn ich weiß aus eigener Erfahrung: Am nächsten Tag würde sie den Kauf bereuen.

Reich wurde ich mit meinem Laden zwar nicht, aber ich konnte davon leben. Zwischenzeitlich stellte ich auch Aushilfen ein, zum Beispiel meine Freundin Annika. Doch während sich das Geschäft gut entwickelte, lief es zu Hause immer schlechter. Die Ehe scheiterte – und ich stand mit vier Kindern alleine da. Die Einstellung einer Vollzeitkraft konnte ich mir nicht leisten, daher musste ich das Geschäft verkaufen. Doch für mich war klar, dass ich nicht vom Staat leben wollte. Ich brauchte also wieder eine neue Stelle – für eine alleinerziehende Mutter mit vier Kindern kein leichtes Unterfangen. Denn die Arbeitszeiten sind gerade im Einzelhandel oft nicht so, dass man Familie und Beruf unter einen Hut bekommen kann.

Schließlich fand ich eine Halbtagsstelle im Büro einer Spedition. Da das Geld nicht reichte, kellnerte ich zusätzlich dreimal pro Woche abends in einer Gaststätte. Obwohl ich erst Anfang 30 war, konnte ich diesen Stress und den permanenten Schlafmangel nicht auf Dauer aushalten. Ohne die Unterstützung meiner ältesten Tochter hätte ich es gar nicht schaffen können. Sie war damals 13 Jahre alt, kümmerte sich aber schon um ihre jüngeren Geschwister und half mir im Haushalt. Zudem hatten wir nette Nachbarn, die des Öfteren nach den Kindern schauten. Mit dem Eigentümer der Spedition verstand ich mich gut. Er stellte auch meine Freundin Annika ein. Manchmal konnte ich für ihn Kurierfahrten übernehmen, wofür ich zusätzlich Geld bekam. So konnte ich die Familie finanziell über Wasser halten.

Wie immer fuhr ich im Sommerurlaub nach Spanien.

Annika kam eine Woche später nach. Sie stürmte in unser Appartement: »Die Firma geht in die Insolvenz. Wir stehen wieder auf der Straße«, sagte sie.

Ohne Arbeit konnte und wollte ich auf Dauer nicht bleiben. Irgendwann stieß ich in der Zeitung auf eine Anzeige der Firma KiK: »Für eine neu zu eröffnende Filiale in H. suchen wir einen Leiter, Stellvertreter und Verkaufspersonal.« Das Unternehmen war mir völlig unbekannt. Aus der Anzeige ging hervor, dass KiK mit Textilien handelt – damit kannte ich mich aus. Also erschien ich zum angegebenen Zeitpunkt und bewarb mich als Filialleiterin. Dort begegnete ich Martina, die sich für den Posten der stellvertretenden Filialleiterin interessierte. Wir hatten sofort dieselbe Wellenlänge: »Wenn sie uns beide nehmen, würden wir bestimmt super zusammenarbeiten.« So kam es dann auch: Am 5. November 1996 übernahm ich die Leitung der KiK-Filiale in H., Martina wurde meine Stellvertreterin.

Das Unternehmen KiK

Das Unternehmenskürzel steht für »Kunde ist König«. Der 1994 von Stefan Heinig als Teil der Tengelmann-Gruppe gegründete Textildiscounter ist aus Sicht der Eigentümer eine »Erfolgsstory«. Mittlerweile betreibt das Unternehmen mit Sitz im nordrhein-westfälischen Bönen mehr als 2600 Märkte in Deutschland, Österreich, Slowenien, Tschechien, Ungarn und der Slowakei. Der Umsatz belief sich im Geschäftsjahr 2007/08 auf satte 1,4 Milliarden Euro. »Jeden Arbeitstag eine neue Filiale«, lautet das Motto von KiK. Jetzt hat sich der Konzern zum Ziel gesetzt, das Geschäft auf 5000 Standorte und weitere Länder auszuweiten.

Bei KiK sind aktuell rund 14 000 Arbeiter und Angestellte tätig, davon ein Großteil als sogenannte Packerinnen in geringfügiger Beschäftigung. Zu den Werbesprüchen des Discounters gehören: »Komplett einkleiden für unter 30 Euro« und »Der Preis stimmt«. Doch was nicht stimmt, ist der Preis der Ware Arbeitskraft. Beschäftigte werden nach Angaben der Gewerkschaft ver.di zum Teil mit Stundenlöhnen von 4,25 bis 5,25 Euro abgespeist. Im Frühjahr und Sommer 2008 erklärte das Dortmunder Arbeitsgericht diese Praxis in mehreren Fällen für »Lohnwucher«: Da die Einkommen um mehr als 30 Prozent unter dem Tariflohn von 12,30 Euro pro Stunde lägen, seien sie »sittenwidrig«. Der Konzern müsse den Betroffenen einen Stundenlohn von mindestens 8,21 Euro geben und das entgangene Geld nachzahlen, verlangte das Gericht. KiK wollte gegen das Urteil Revision einlegen.

Im Verhaltenskodex von KiK heißt es: »Nationale gesetzliche Regelungen (…) gelten in allen Fällen.« Doch laut ver.di ist diese auf die Zulieferer in der »Dritten Welt« bezogene Zusage nicht einmal hierzulande Realität. So werde den Beschäftigten in vielen Fällen kein Arbeitsvertrag ausgehändigt. Es gebe oftmals keine Entgeltfortzahlung im Krankheitsfall, und der gesetzliche Mindesturlaub werde bei Aushilfen zum Teil nicht eingehalten, kritisiert die Gewerkschaft. Zu dem Vorwurf, die Mitarbeiter müssten viele unbezahlte Überstunden leisten, sagte Geschäftsführer Heinig am 16. September 2007 im Interview mit der Berliner *Morgenpost:* »Das ist die Ausnahme. Außerdem habe ich für dieses Unternehmen schon so viel gearbeitet, dass ich auch was von meinen Mitarbeitern verlangen kann.«

Darüber, wo und wie die Ware produziert wird, schweigt sich das Unternehmen weitgehend aus. Bekannt ist nur, dass KiK in China und Bangladesch einkauft. Die »Kampagne für saubere Kleidung« berichtet in einer Studie von massiven Arbeitsrechtsverletzungen bei Lieferanten des Konzerns: Die Beschäftigten würden an der Bildung von Gewerkschaften gehindert, hätten keinen schriftlichen Vertrag, die Arbeitszeiten würden massiv überschritten und die Entlohnung sei nicht transparent.

(Quellen: www.kik-textilien.com; http://muelheim-oberhausen. verdi.de; Kampagne für saubere Kleidung: Wer bezahlt unsere Kleidung bei Lidl und KiK – Arbeitskraft zum Discountpreis, Schnäppchen für alle?, Berlin 2008)

3

DER FEHLSCHLAG

Der befürchtete Ärger bleibt nach meiner vor der versammelten Chefetage geäußerten Kritik glücklicherweise aus. Eigentlich wollen Martina und ich nach diesem Ereignis gleich zusammen Bewerbungen schreiben. Sie hat eine elektrische Schreibmaschine zu Hause, die wollen wir benutzen. Einen Computer besitzen wir beide zu dieser Zeit noch nicht. Irgendwie kommt es dann aber doch nicht dazu, dass wir uns anderswo bewerben. Manchmal ist es eben nicht leicht, aus dem Trott auszubrechen. Bei KiK verstehe ich mich gut mit den Kolleginnen, und der Umgang mit den Kunden macht mir Spaß. Wer weiß, ob die nächste Stelle besser wird. Und irgendwie hoffe ich, dass die Kritik doch etwas bewirkt.

Aber stattdessen wird es noch stressiger. Im Zuge der Expansion weitet KiK sein Sortiment stetig aus. Neben Kleidung werden jetzt auch Modeschmuck, Schuhe, Grußkarten, Geschenkpapier, Batterien, Handtaschen, Kinderspielzeug und noch aller möglicher Krimskrams verkauft. Wir werden mit Waren regelrecht zugeschüttet. Für uns bedeutet das vor allem eins: mehr Arbeit. Denn der Laden ist ja eigentlich schon voll. Immer, wenn wir ein neues Produkt bekommen, müssen wir zehn andere Waren umräumen, um den Platz dafür zu schaffen. Das kostet Zeit. Neues Personal gibt es dafür nicht.

Auch privat ist es kein leichtes Leben. Ich sehe meine Kinder in dieser Zeit nur selten. Wenn ich morgens aus dem Haus gehe, schlafen sie noch. Und wenn ich endlich Feierabend habe, ist die Kleinste schon wieder im Bett. Das setzt mir ganz schön zu. Fast nie kann ich zum Schulfest oder Elternabend mitkommen. Nur an meinem freien Tag, am Samstagabend und am Sonntag habe ich Zeit für die Familie. Doch große Ausflüge machen wir auch dann nicht. Ich bin einfach froh, wenn ich mal einen Nachmittag auf der Couch verbringen kann. Schließlich geht es am nächsten Morgen gleich wieder los.

Eines Tages klingelt bei mir zu Hause das Telefon. Meine beste Freundin Annika ist dran. Sie leitet mittlerweile eine KiK-Filiale in der Nähe. Annika ist völlig aufgelöst: »Bei mir sind heute der Verkaufsleiter und zwei Leute von der Revision in den Laden gestürmt, haben die Conny geschnappt und sich mit ihr im Aufenthaltsraum eingeschlossen. Ich wusste erst gar nicht, was los war.« Mehrere Stunden seien sie nicht mehr herausgekommen. »Ich konnte gar nichts machen«, berichtet Annika aufgeregt. Schließlich sei Conny in Tränen aufgelöst aus dem Raum gekommen und habe angefangen, ihre Sachen zu packen. Sie sei beim Diebstahl erwischt worden, habe der Verkaufsleiter behauptet. »Conny hat immer wieder beteuert, dass sie nichts gemacht hat. Während dieses Verhörs durfte sie nicht telefonieren und nicht weggehen. Schließlich sind sie mit ihr zu ihrer Wohnung gefahren und haben sie durchsucht, um Produkte von KiK bei ihr zu finden – natürlich mit Erfolg, die hat ja jeder von uns zu Hause.«

Wir sind beide sehr aufgewühlt. Solche Methoden kennen wir von unseren bisherigen Arbeitgebern nicht. Wir vermuten, dass die Firma auf diese Art Angestellte loswird, die wegen ihres Alters oder Krankheiten nicht mehr voll leistungsfähig sind. Auch Conny hat ihnen wohl aus irgendeinem Grund nicht mehr ins Konzept gepasst. Vielleicht geht es uns früher oder später genauso, denke ich. »Was ist, wenn mir auf einmal jemand vorwirft, ich hätte geklaut? Wenn die mich einsperren und runterputzen, bis ich einen Aufhebungsvertrag unterschreibe? Wer schützt mich vor so was?«

Annika teilt meine Befürchtungen. Uns ist klar: Wer im Einzelhandel in den Verdacht gerät, gestohlen zu haben, der kann einpacken. Der findet nirgendwo mehr eine Stelle. So reden wir noch Stunden. Schließlich spricht Annika aus, was auch ich denke: »Wir brauchen einen Betriebsrat.« Den hatte es schließlich auch in dem Unternehmen gegeben, in dem wir unsere Ausbildung gemacht haben. Und wir sind beide in der Gewerkschaft. Jetzt brauchen wir sie zum ersten Mal.

»Wie gründet man denn einen Betriebsrat?«, fragt Annika. So genau weiß ich das auch nicht. Deshalb beschließen wir, uns Rat zu holen. Wir gehen ins Gewerkschaftshaus in B. Zuständig für uns ist Hilmar Müller, Sekretär der Deutschen Angestelltengewerkschaft (DAG), einer Vorläuferorganisation von ver.di. Wir berichten ihm, was in Annikas Filiale passiert ist und was wir vorhaben. Der DAG-Mann bestärkt uns in unserer Entscheidung: »Ein Betriebsrat kann verhindern, dass Leute auf diese Art rausgemobbt werden«, sagt er. Auch eine bessere Bezahlung könne die Beschäftigtenvertretung durchsetzen. Denn zu dieser Zeit gilt im Einzelhandel noch ein allgemeinverbindlicher Tarifvertrag, der auch von Unternehmen, die selbst nicht im Unternehmerverband sind, angewendet werden muss. Uns wird klar: Die untertarifliche Bezahlung bei KiK ist schlicht illegal.

Aber auch mit dem, was uns passieren könnte, hält Müller nicht hinterm Berg: »Es ist möglich, dass sie euch kündigen. Aber dann müssen sie die ganze Belegschaft entlassen, weil sie die Initiatoren nicht kennen. Und wenn sie das machen, dann gehen wir natürlich an die Öffentlichkeit.« Er empfiehlt, dass möglichst viele bei der Wahl kandidieren, damit sie besonderen Kündigungsschutz erhalten. Die gefährlichste Zeit

sei die zwischen der Einberufung der ersten Wahlversammlung und der Kandidatenaufstellung – da werde einiges auf
uns zukommen, warnt Müller. Doch wir sind uns jetzt sicher,
dass wir dieses Risiko eingehen wollen.

Wir sitzen noch lange in dem kleinen Büroraum im Gewerkschaftshaus. Ich rauche eine Zigarette nach der anderen.
Ebenso wie Annika raucht Müller nicht. Er trägt einen kleinen Schnurrbart und sitzt ruhig und aufmerksam auf seinem
Bürostuhl. Schließlich fragt der DAG-Mann, ob wir Kollegen
aus anderen Filialen kennen, die ebenfalls bereit wären, sich
für einen Betriebsrat einzusetzen. Uns fällt eine Kollegin in
B. ein. Sofort rufen wir sie an. Nach einigem Zögern stimmt
sie zu. Jetzt sind es drei Filialen in der Region, in denen Betriebsräte gewählt werden sollen. Das macht die ganze Sache
sicherer, denn KiK kann schlecht drei Mannschaften in einer
Region auf einen Schlag komplett austauschen.

In meiner Filiale nehme ich die Kolleginnen nach und nach
bei der Arbeit zur Seite und erzähle ihnen, was wir vorhaben.
»Was macht denn ein Betriebsrat? Was ändert sich dadurch?«,
fragt eine. Ich erläutere die Vorteile. Nach all den Gesprächen
der letzten Wochen kenne ich mich jetzt ziemlich gut aus. Die
gesamte Belegschaft ist dafür, einen Betriebsrat zu wählen. In
den anderen Läden läuft es ähnlich gut. Nur bei Annika sind
ein paar, die Angst haben und nicht mitmachen wollen. Doch
davon lassen wir uns nicht beirren: »Wir sind genug Kollegen, die einen Betriebsrat wollen, und ziehen das durch.«
Nach dem Gesetz haben Beschäftigte die Möglichkeit, einen
Betriebsrat zu wählen, selbst wenn sich die Mehrheit der Belegschaft dagegen aussprechen sollte.

Die Geschäftsführung von KiK bekommt von unseren
Vorbereitungen nichts mit. Am 12. August 1999 geht ein
Schreiben in der Dortmunder Konzernzentrale ein, in dem

die DAG Betriebsratswahlen in den drei Filialen ankündigt und Termine für Betriebsversammlungen festsetzt, bei denen Wahlvorstände gewählt werden sollen. »Nur der Ordnung halber weisen wir Sie darauf hin, dass es strafrechtlich verboten ist, die Wahl des Betriebsrates zu behindern«, so die Warnung an die KiK-Manager.

Nach Eingang des Schreibens lässt die erste Reaktion nicht lange auf sich warten. Schon wenige Stunden später steht der Bezirksleiter Schulz aufgeregt in meinem Laden. Wenn drei Märkte in seinem Verantwortungsbereich einen Betriebsrat gründen wollen, ist das für seine Karriere sicher nicht gerade förderlich. Fast weinerlich sagt er: »Was habe ich denn falsch gemacht?« Der weiß doch genau, was hier los ist, denke ich und antworte: »Das hat mit Ihnen überhaupt nichts zu tun – und das werde ich auch sagen, wenn jemand fragt.« Resolut füge ich hinzu: »Aber zum Beispiel mit dem neuen Verkaufsleiter hat es was zu tun. Sie wissen doch, was der macht: Der schmeißt einfach Leute raus, wenn er sie nicht mehr haben will. Vielleicht bin ich ja als Nächstes dran?«

»Ich bitte Sie, Frau Schramm, die Verkäuferin hatte doch geklaut.«

»Es ist unser Recht, einen Betriebsrat zu wählen – und das werden wir auch tun.« Jetzt komme ich langsam in Fahrt: »Und ich sehe auch nicht mehr ein, für diesen Lohn zu arbeiten. Ich habe mich nämlich erkundigt: Ich bin Filialleiterin, werde aber nur wie eine Verkäuferin bezahlt.«

Die weinerliche, sanfte Stimme hat Schulz inzwischen abgelegt. Pampig sagt er: »Sie sind Teamleiterin und keine Filialleiterin.«

Doch über diese Frage habe ich ausführlich mit Hilmar Müller gesprochen. Selbstsicher sage ich: »Wir schließen den Laden auf, machen Arbeitspläne, Inventuren, Bestellungen und Reduzierungen. Also was machen wir? Wir leiten die

41

Filiale – und kein Team. Und so möchten wir auch bezahlt werden.«

Uns ist klar, dass die KiK-Manager Druck ausüben werden. Um uns dem zu entziehen, haben wir einen Plan ausgeheckt: Alle drei Initiatorinnen legen ihren Jahresurlaub in die »heiße Phase« zwischen Bekanntgabe der Wahl und Aufstellung der Kandidatenlisten. Außerdem bin ich so angespannt, da kann ich ein wenig Erholung gut gebrauchen. Es ist Freitag, in wenigen Stunden soll es losgehen – nach Spanien, wie jedes Jahr. Ich versuche an alles zu denken, was wir mitnehmen müssen. Mitten in der größten Hektik klingelt das Telefon. Es ist Herr Schnell, einer der beiden KiK-Geschäftsführer höchstpersönlich! So ein hohes Tier ruft mich an? »Es tut mir leid, dass ich Sie zu Hause störe. Ich habe versucht, Sie in der Filiale zu erreichen. Doch mir wurde gesagt, Sie hätten Urlaub«, sagt er entschuldigend. Die Kinder machen gerade so einen Krach, ich verstehe ihn kaum. Deshalb flüchte ich ins Bad. Mit freundlicher Stimme sagt er: »Ich habe gehört, dass in Ihrer und in zwei anderen Filialen Betriebsräte gegründet werden sollen. Ich bin entsetzt, hat sich denn an den Bedingungen nichts gebessert?« Ich weiß gar nicht, was ich sagen soll, und lasse ihn reden. Mir schießt durch den Kopf: Jetzt habe ich schon mit dem zweiten Spitzenmanager des Unternehmens zu tun, irgendwas mache ich falsch. Schnell spricht weiter: »Sie wissen doch, dass ein Betriebsrat viel Geld kostet.«

Darüber habe ich noch nie nachgedacht. Wieso kostet ein Betriebsrat Geld? Draußen gibt es Geschrei, die Kinder streiten. Ich sitze auf der Wäschetonne und werde langsam ungeduldig. »Hören Sie, ich möchte jetzt eigentlich erst einmal in Urlaub fahren«, sage ich.

Herr Schnell reagiert verständnisvoll: »Das verstehe ich. Wie lange sind Sie denn weg?«

»Drei Wochen.«

»Wenn Sie wieder da sind, darf ich mich dann noch einmal bei Ihnen melden? Vielleicht können wir das Ganze ja noch vermeiden. Schließlich ist uns allen an einem guten Arbeitsklima gelegen. Ich verspreche Ihnen, dass sich etwas ändern wird.«

Ich fahre mit gemischten Gefühlen in Urlaub. Statt mich zu erholen, wälze ich immer wieder die Gedanken im Kopf: Liegt meine Kündigung schon da, wenn ich nach Hause komme? Wenn der Geschäftsleiter mich anruft, gelte ich wohl als Drahtzieherin.

Am Tag nach meiner Rückkehr aus Spanien ruft Herr Schnell wieder an. Wir vereinbaren einen Termin, und er kommt in die Filiale. Ich bin nervös. Wird er mir drohen? Oder mich gleich entlassen? In meinem kleinen Büro setzen wir uns hin, und er fängt an: »Wir werden die Dinge verbessern. Sie werden ein angemessenes Gehalt für Ihre Stelle bekommen. Wir werden die Bezirks- und Verkaufsleiter darauf hinweisen, dass die Arbeitszeiten eingehalten werden müssen.« Er redet in einem fort. Es hört sich sehr gut an. Vielleicht wusste Herr Schnell bisher tatsächlich nicht, was in den Filialen vor sich geht. Bei einem so großen Unternehmen wäre das auch kein Wunder. Ich habe das Gefühl: Er meint es ernst. Der KiK-Manager bittet, ihm ein halbes Jahr Zeit zu geben. Er müsse sich erst in die Materie einarbeiten, um etwas verändern zu können, sagt er. »Sie werden es nicht bereuen«, verspricht er immer wieder.

Nach diesem Gespräch sind meine Mitstreiterinnen und ich verunsichert. In endlosen Diskussionen reden wir uns die Köpfe heiß. »Wir sollten ihm eine Chance geben«, meint Martina. Doch ich gebe zu bedenken: »Wie stehen wir dann vor der Gewerkschaft da? Wir leiern die Sache an, die legen sich für uns ins Zeug – und dann machen wir einen Rückzieher.« Wir treffen uns in Müllers Büro. Er warnt uns: »Die werden jetzt vielleicht nicht alle auf einmal austauschen, aber je länger ihr mit der Betriebsratswahl wartet, desto wahrscheinlicher ist, dass sie euch auf die eine oder andere Art vor die Tür setzen.« Er mache diese Arbeit schon seit 20 Jahren und wisse, wovon er spreche, betont Müller. Dennoch entscheiden wir uns letztlich dafür, den Versprechungen des Managers zu glauben. Das ausschlaggebende Argument ist, dass wir schließlich immer noch einen Betriebsrat wählen könnten, wenn sich nichts ändert. Wir bitten Müller, die Wahl erst einmal abzusagen. »Nun gut«, sagt der Gewerkschafter mit einem Seufzer. »Aber das wird nicht gut enden.«

Meine Kolleginnen reagieren unterschiedlich. Einige sind erleichtert, weil sie Ärger befürchteten. Monika, eine ältere Kollegin, die als Aushilfe bei uns arbeitet, fragt hingegen: »Meinst du nicht, dass sie uns jetzt alle rausschmeißen? Schließlich haben wir ja keinen Betriebsrat gewählt, der uns schützt.«

»Dann würden sie aber endgültig klarmachen, dass sie gar nichts ändern wollen«, sage ich und merke zugleich, dass das ein schwaches Argument ist. Aber jetzt ist es entschieden. Dennoch bleibt auch bei mir ein mulmiges Gefühl.

Zunächst scheinen die Zweifel unbegründet. KiK ergreift nicht nur keine Maßnahmen gegen uns, es verbessert sich sogar einiges. Wenige Tage nach der Wahlabsage kommt mit der Gehaltsabrechnung ein Brief, in dem es heißt: »Jeder Arbeitnehmer kann seinen freien Tag nehmen, auch wenn in der Woche ein Feiertag ist.« Mir fällt ein Stein vom Herzen. Annika ruft an: »Hast du gehört, wir haben den freien Tag bekommen?«

»Ja, vielleicht wird jetzt ja wirklich alles besser.«

Schon bald bekomme ich eine Lohnerhöhung: Statt 3100

erhalte ich jetzt 3700 Mark brutto im Monat. Auch Annika bekommt mehr Geld. Martina wird endlich Filialleiterin und entsprechend besser bezahlt. Wir sind erst einmal zufrieden. Einzig DAG-Mann Müller lässt nicht locker: »Sie zahlen euch immer noch nicht das, was euch zusteht. Sie werfen euch nur ein paar Brocken hin, um euch ruhigzustellen.« Doch für mich bedeutet das zusätzliche Geld einige Sorgen weniger. Wir warten ab, es kehrt Ruhe ein – vorläufig.

Betriebsratswahlen

Ein Betriebsrat ist ein Schutz vor Willkür. Er soll dafür sorgen, dass die Gesetze und – falls das Unternehmen Mitglied im Arbeitgeberverband ist – die Tarifverträge eingehalten werden. Er muss vom Management über personelle und andere Angelegenheiten informiert werden, ist Ansprechpartner und Vertreter der Beschäftigten. Das Recht zur Wahl eines Betriebsrats besteht in jedem Betrieb mit mindestens fünf wahlberechtigten Mitarbeitern. Das sind alle, die zum Zeitpunkt der Abstimmung volljährig sind und sich in einem Arbeitsverhältnis mit dem Unternehmen befinden. Wählbar sind Beschäftigte, die dem Wahlbezirk mindestens sechs Monate angehören.

Auf einer ersten Wahlversammlung, zu der eine im Betrieb vertretene Gewerkschaft oder drei Beschäftigte einladen können, wird ein Wahlvorstand bestimmt. Dieser bereitet die eigentliche Wahl vor, unter anderem indem er klärt, welche Mitarbeiter passiv und/oder aktiv wahlberechtigt sind. In Betrieben mit bis zu fünfzig Beschäftigten gilt das »vereinfachte Wahlverfahren«, bei 51 bis 100 Mitarbeitern kann es angewandt werden. In diesem Fall werden noch auf der ersten Wahlversammlung die Wahlvorschläge eingereicht. Der Wahlvorstand erstellt unmittelbar nach der Versammlung ein Wahlausschreiben und gibt die Kandidatenliste bekannt. Nur eine Woche später findet die Betriebsratswahl selbst statt. 1999, als das »vereinfachte Wahlverfahren« noch nicht galt, war diese Frist deutlich länger – was dem Arbeitgeber größere Möglichkeiten gab, Druck auf die beteiligten Beschäftigten auszuüben.

Werden an mehreren Standorten einer Gesellschaft Betriebsräte gegründet, haben die Beschäftigten Anspruch auf die Wahl eines Gesamtbetriebsrats (GBR). Dieser kann zu allen Fragen, die das Unternehmen als Ganzes betreffen, Betriebsvereinbarungen schließen, die überall – auch dort, wo es vor Ort keinen Betriebsrat gibt – eingehalten werden müssen. Wäre die Wahl bei KiK wie geplant durchgeführt worden, wäre dies der Fall gewesen.

(Quellen: Däubler/Kittner/Klebe: Betriebsverfassungsgesetz – Kommentar für die Praxis, Frankfurt/Main 2008 (11. überarb. Auflage), S. 495 ff.; Fricke/Grimberg/Wolter: Betriebsverfassungsgesetz verstehen und anwenden, Frankfurt/Main 2007 (2. überarb. Auflage), S. 38 ff.; Wolfgang Däubler: Das Arbeitsrecht. Die gemeinsame Wahrung von Interessen im Betrieb, Reinbek bei Hamburg 2006, S. 515 ff.)

4
AUF NACH SPANIEN!

Ich sitze im Büro meiner Filiale und schreibe die Arbeitspläne, als eine Kollegin ihren Kopf durch die Tür steckt und
sagt: »Da steht so ein Schlipsträger draußen und fragt nach
dir.« Ich frage mich, was jetzt wohl wieder kommt, und gehe
hinaus. Vor mir steht ein etwa 40-jähriger Mann in teurem
Anzug. Er kommt ohne Umschweife zur Sache: »Ich arbeite
für verschiedene Unternehmen und bin immer auf der Suche
nach guten Mitarbeitern. Mir ist zu Ohren gekommen, dass
Sie sich beruflich verändern und aufsteigen möchten.«

Ich stutze. Was will der von mir? Erstaunt frage ich:
»Warum kommen Sie da ausgerechnet zu mir?«

»Sie sind doch Frau Schramm-de Robertis?«

»Das stimmt. Aber ich habe schon eine Stelle. Schließlich
bin ich hier die Filialleiterin.«

»Nun, ich habe gehört, dass Sie gerne Verkaufsleiterin werden möchten. Und wie ich weiß, ist das bei KiK schwierig,
da das Unternehmen generell eher jüngere und externe Mitarbeiter für diese Position rekrutiert.«

Ich bin baff. Tatsächlich spiele ich schon lange mit dem
Gedanken, mir einen besseren – vor allem besser bezahlten –
Job zu suchen. Aber vielen habe ich das nicht erzählt. »Woher
wissen Sie das alles?«

»Jeder hat seine Geschäftsgeheimnisse«, sagt er und lächelt
vielsagend. Nach einer kurzen Pause fährt er fort: »Ich würde
mich gerne ausführlicher mit Ihnen darüber unterhalten. Hier
geht das ja schlecht. Ich habe noch zwei Tage beruflich in der

Gegend zu tun. Vielleicht können wir uns morgen treffen?«
Da ich nicht reagiere, spricht er weiter: »Kann ich Sie morgen
in Ihrer Mittagspause abholen? Ich kenne mich nicht aus, wo
kann man denn hier einen Kaffee trinken?«

Mir das einmal anzuhören kann ja nicht schaden, denke
ich und sage: »Normalerweise mache ich keine Mittagspause.
Aber wenn Sie möchten, können wir morgen um halb eins in
ein nahegelegenes Möbelhaus gehen, dort gibt es eine Cafeteria.«

»Also gut, dann hole ich Sie ab«, sagt er und gibt mir seine
Visitenkarte. »Unternehmensberater« steht darauf.

Den ganzen Tag denke ich über den geheimnisvollen Besuch
nach. Zu Hause beim Abendessen erzähle ich meinem Mann
davon. Er bleibt ganz gelassen: »Na, das ist doch schön. Du
bist doch bei KiK schon lange unzufrieden. Schau einfach,
was er dir anbietet.« Damit ist das Thema für ihn erledigt.
Ich grüble aber noch lange. Die Möglichkeit, doch noch
Verkaufsleiterin zu werden, ist wirklich verlockend. In einer solchen Stellung wäre ich für mehrere Filialen zuständig,
würde diese regelmäßig besuchen und dort die Anweisungen des Managements umsetzen. Das wäre eine schöne Herausforderung für mich. Und vor allem wäre die Bezahlung
deutlich besser.

Punkt 12.30 Uhr steht der Headhunter am nächsten Tag vor
der Filiale. Ich steige in sein elegantes dunkelblaues Auto, und
wir fahren zur Cafeteria in dem Möbelhaus. Er ist freundlich
und zuvorkommend, lädt mich wie selbstverständlich ein.
»Meine Tätigkeit besteht darin, verschiedenen Firmen gute
Mitarbeiter zu vermitteln«, erklärt er noch einmal, »mir ist zu
Ohren gekommen, dass Sie am liebsten nach Spanien gehen
würden, um dort zu arbeiten.«

Das stimmt! Spanien ist einfach mein Traum, bei meinem

ersten Urlaub mit 16 Jahren habe ich mich in das Land verliebt. Ich habe damals zum ersten Mal das Meer gesehen. Meine Eltern hatten nicht viel Geld, sodass wir nie weit weg in Urlaub fuhren. Bei dieser romantischen Reise mit meinem damaligen Freund begeisterte mich alles: die Sonne, die Palmen, das Meer und vor allen Dingen die Mentalität der Menschen. Sie sind freundlich und lassen sich Zeit – ganz anders als in Deutschland. Die Faszination für Spanien hat mich seither nie wieder losgelassen.

Aber woher kann dieser Headhunter das wissen? Wem habe ich das erzählt? Schnell bin ich mir sicher: Außer meinen guten Freundinnen habe ich nur meiner ehemaligen Vorgesetzten bei KiK erzählt, dass ich nach Spanien gehen will. Warum könnte sie das weitergegeben haben? Sie ist nicht mehr bei KiK. Vielleicht wollte sie sich an dem Unternehmen rächen oder mir was Gutes tun, denke ich. Der Gedanke, sie könnte die Information noch während ihrer Tätigkeit für KiK weitergegeben haben, kommt mir nicht. Dennoch bin ich misstrauisch. »Das können Sie eigentlich nur von meiner ehemaligen Verkaufsleiterin wissen«, sage ich.

»Das ist Geschäftsgeheimnis. In meiner Branche ist es wichtig, dass man seine Quellen nicht preisgibt. Aber sehen Sie sich doch erst einmal an, was ich Ihnen anzubieten habe.« Er nimmt einige Hefter aus seiner schwarzen Aktentasche, schlägt den obersten auf und sagt: »Hier hätte ich beispielsweise etwas bei der Firma Lidl. Allerdings nur als Filialleiterin. Für eine Verkaufsleitung sind Sie leider schon zu alt. Die stellen maximal bis 30 ein.«

Ich bin ein wenig gekränkt. Gehöre ich mit 35 Jahren etwa schon zum alten Eisen? Vielleicht muss ich tatsächlich schauen, dass ich irgendwo noch etwas Besseres bekomme. Aber wieder nur Filialleiterin? Dafür muss ich eigentlich nicht wechseln. Der Mann erkennt offenbar meine Skepsis und holt schon die zweite Mappe hervor. »Ich habe hier noch eine Bezirksleitung bei der Firma Pimkie, wie wäre es damit?«

»Um Gottes willen. Das ist doch Trend-Fashion, junge Mode und so was. Also dafür fühle ich mich tatsächlich schon zu alt.«

Der Unternehmensberater nimmt einen weiteren Hefter zur Hand, es ist der letzte von dem Stapel. »Hier ist etwas, das Sie interessieren dürfte: eine Stelle als Bezirksverkaufsleiterin bei der Firma Plus in Spanien.« Er lässt den Satz einen Moment wirken, dann spricht er weiter. »Das ist doch genau das, was Sie wollen.« Da ich immer noch nichts sage, fährt er mit einem charmanten Lächeln fort: »Allerdings kann ich mir nur schwer vorstellen, dass Sie faule Tomaten aussortieren.«

Ich fühle mich geschmeichelt und erröte ein wenig. Eben war ich mir noch so alt vorgekommen. Jetzt erörtert er die Details: »Sie hätten ein Jahr Einarbeitung hier in Deutschland und würden dann als Bezirksverkaufsleiterin nach Spanien gehen, wo Sie für mehrere Filialen zuständig wären. Ihr Gehalt kann sich aber auch schon während der Einarbeitung sehen lassen: Das Anfangsgehalt liegt bei 4800 D-Mark. Was verdienen Sie jetzt?«

»3700«, antworte ich, und denke: 1100 Mark mehr – das ist ja Wahnsinn.

Nach einer kurzen Pause sagt er: »Sie müssen allerdings bald zusagen. Das Eintrittsdatum ist der 1. Januar.«

Es bleiben mir also kaum zwei Wochen Zeit, mich zu entscheiden. Ich sage: »Das geht jetzt aber sehr schnell. Ich muss mir das erst mal durch den Kopf gehen lassen.«

»Ja natürlich, Sie haben ja meine Karte. Rufen Sie einfach an.«

Zurück in der Filiale kann ich mich auf nichts mehr konzentrieren. Ich muss unbedingt mit jemandem reden. Meine beste Freundin Annika hat frei, aber mit dem Telefon in der Filiale kann man nur innerhalb des Unternehmens, nicht nach draußen telefonieren. Ein Handy habe ich noch nicht. Also rufe ich Martina, meine ehemalige Stellvertreterin an. »Martina, stell dir vor, was mir passiert ist«, beginne ich und erzähle ihr die ganze Geschichte.

»Das ist ja super. Wäre zwar schade, wenn du nicht mehr da bist, aber das ist ja eine ganz tolle Gelegenheit«, sagt sie fröhlich. Dann wird sie nachdenklicher: »Was machen wir anderen mit dem Betriebsrat, wenn du aufhörst? Denn wirklich verbessert haben sich die Dinge hier schließlich nicht.«

Ich fühle mich ertappt. Offen sage ich: »Deshalb habe ich ja Gewissensbisse.«

Am Ende ermutigt mich Martina aber noch einmal: »Das kannst du dir nicht entgehen lassen. Wir schaffen das hier schon.«

Am Abend kann ich endlich mit Annika telefonieren. Sie reagiert erst zögerlich: »Und was machen wir, wenn du nicht mehr da bist?«

»Dann müsst ihr das mit dem Betriebsrat alleine durchziehen. Mir macht das ein total schlechtes Gewissen, aber ich muss auch an meine Familie denken. Wer weiß, wie es bei KiK weitergeht.«

Je länger wir reden, desto positiver sieht Annika das Ganze. »Das ist die Chance für dich. Jetzt kannst du deinen großen Traum endlich verwirklichen. Ich bin dir jedenfalls nicht böse, wenn du aufhörst.«

Mir fällt ein Stein vom Herzen. Es ist schön zu wissen, dass gute Freunde hinter einem stehen, egal, was passiert. Wir reden noch stundenlang. »Ich glaube, wenn du gehst, dann höre ich auch auf. Mich macht die Situation bei KiK total fertig«, sagt Annika. Sie erzählt, dass die entlassene Verkäuferin Conny eine Kündigungsschutzklage und eine Anzeige wegen

Freiheitsberaubung gegen die drei Manager eingereicht hat, die sie im Aufenthaltsraum eingeschlossen hatten. Bei Gericht hat sie Annika als Zeugin angegeben. »Seitdem kommt der Verkaufsleiter immer wieder zu mir und sagt, ich könne doch nicht gegen die Firma aussagen. Aber ich kann ja auch nicht lügen. Außerdem ist das ja wirklich eine Sauerei, was sie mit der Conny gemacht haben«, sagt Annika.

»Ja klar, eine Falschaussage kannst du für die Typen auf keinen Fall machen«, bestärke ich meine Freundin.

»Aber dann machen die mich fertig. Wir haben doch gesehen, wie leicht das geht. Die haben mir jetzt schon jemanden aus einer anderen Filiale in den Laden gesetzt, der sich angeblich bei uns weiterbilden soll. So etwas hat es ja noch nie gegeben. Der soll mich bestimmt überwachen und Material für eine Kündigung sammeln.«

Annika wird immer klarer, dass sie den Druck nicht mehr aushält und KiK verlassen will. »Wenn die mir eine Abfindung und ein ordentliches Zeugnis geben, bin ich sofort weg.«

»Lass das doch mal gegenüber dem Spitzel fallen«, schlage ich vor.

Genau so macht Annika es dann auch – mit durchschlagendem Erfolg. Ein Tag, nachdem sie im Gespräch mit ihrem Kollegen beiläufig erwähnt hat, dass sie unter bestimmten Bedingungen gehen würde, kommt das Angebot der Geschäftsleitung: 10 000 D-Mark Abfindung, vor Beendigung des Arbeitsverhältnisses noch eine Gehaltserhöhung, drei Monate Freistellung bei Weiterbezahlung und ein astreines Zeugnis. Annika akzeptiert. Damit ist die Betriebsratswahl bei KiK endgültig erledigt. Bis heute gibt es in keiner einzigen Filiale der Textilkette eine betriebliche Interessenvertretung. Bei Connys Prozess einige Monate später sagt Annika dennoch aus. Die Manager werden zu geringen Geldstrafen verurteilt.

Trotzdem fällt mir die Entscheidung nicht leicht. Nicht nur die Betriebsratswahl, die ohne mich wahrscheinlich nicht stattfinden wird, gibt mir ein mulmiges Gefühl. Meine 17-jährige Tochter Sabrina macht bereits ihre Ausbildung, ebenfalls im Einzelhandel. Sie müsste in Deutschland bleiben. Allerdings ist sie schon im dritten Lehrjahr, könnte also nach nicht allzu langer Zeit nachkommen, was es uns allen ein wenig leichter macht. Für mich ist klar: So eine Gelegenheit kommt vielleicht nie wieder – ich werde das Angebot annehmen.

Einige Tage später rufe ich den Headhunter an. Noch in derselben Woche kommt er vorbei. Den Vorvertrag mit Plus hat er bereits in der Tasche. Darin steht schwarz auf weiß: »Hiermit bestätigen wir, dass wir Frau Ulrike Schramm-de Robertis zum 1.1.2000 in ein festes Arbeitsverhältnis zur Einarbeitung als Bezirksverkaufsleiterin für den Einsatz in Spanien einstellen.« Darunter die Unterschriften des zuständigen Verkaufsleiters und des Gesamtbetriebsrats von Plus. Es scheint alles in Ordnung, ich unterschreibe. Am nächsten Tag reiche ich bei KiK die Kündigung zum Jahresende ein.

Ende Dezember treffe ich einen Verkaufsleiter von Plus in einer Filiale des Unternehmens. Er legt mir den Arbeitsvertrag und einen Einarbeitungsplan vor, auf dem steht, wann ich in welchem Markt zur Einarbeitung eingesetzt werden soll. Dann die Überraschung: Zwar legt der Vertrag wie vereinbart ein Monatsgehalt von 4800 DM fest – allerdings bei einer Arbeitszeit von 45 Stunden in der Woche. Üblich sind 37,5. Doch jetzt kann ich nicht mehr zurück. Meine Stelle bei KiK habe ich schon aufgegeben. Ich traue mich gar nicht erst, mich zu beschweren. Es hat ja auch ohnehin keinen Sinn. Ich schlucke meinen Ärger hinunter und sage mir: Ich will nach Spanien gehen, das ist mein wichtigstes Ziel. Und jetzt habe ich den Job, der das möglich macht. Außerdem habe ich bei

KiK sowieso ständig Überstunden gemacht, die nicht bezahlt wurden. Nun bekomme ich dafür wenigstens mehr Geld.

Komplikationen gibt es auch bei meinem Abschied von KiK. Ich bekomme ein nichtssagendes Zeugnis ausgehändigt, in dem meine Qualifikationen und Tätigkeiten nicht gewürdigt werden. Das ist ein Problem. Schließlich habe ich vor, die Karriereleiter mit meinem Wechsel zu Plus hinaufzusteigen. Deshalb kann ich mir das nicht gefallen lassen. Ich gehe wieder einmal zu Hilmar Müller. Der Gewerkschaftssekretär empfängt mich wie immer gut gelaunt in seinem Büro. Trotz seiner Enttäuschung über die geplatzte Betriebsratswahl ist er weiter hilfsbereit. Er setzt ein Schreiben an die KiK-Geschäftsführung auf, in dem er ein aussagekräftiges Zeugnis verlangt. Andernfalls werde Klage eingereicht. Sofort zeigen sich die KiK-Manager kooperativ: Sie senden mir das Zeugnis in der gewünschten Form zu.

Ganz anders der Abschied von meinen Kolleginnen. An meinem letzten Arbeitstag öffne ich die Tür zum Aufenthaltsraum – da sind sie alle versammelt. Auf dem Tisch stehen Blumen und ein selbst gebackener Kuchen. »Wir vermissen dich jetzt schon«, sagt eine. »Bleib doch da«, eine andere. Sie überreichen mir eine Karte. »Die beste Chefin der Welt« steht darauf. Mir kommen die Tränen vor Rührung. Sie sind so nett! Wer weiß, ob ich noch mal so tolle Kollegen haben werde.

Die Arbeit beim Lebensmitteldiscounter Plus ist sowohl körperlich als auch geistig viel anspruchsvoller als in der Textilbranche. Ständig müssen schwere Kisten und anderes gehoben werden. Die Filialleitung muss darauf achten, dass das Mindesthaltbarkeitsdatum der Ware nicht überschritten wird. Damit wir nicht so viel wegwerfen müssen, räumen wir die frischeren Produkte nach hinten ins Regal. Bei gefrorener oder gekühlter Ware muss die vorgeschriebene Temperatur eingehalten werden. Deshalb sortieren wir sie nach der Anlieferung schnellstmöglich ein. Bei Obst und Gemüse darf keine ältere Ware in der Auslage liegen. Überhaupt sind Sauberkeit und Hygiene viel wichtiger als in einem Kleidergeschäft. Doch ich lerne schnell, auf meine Pausen bestehe ich ebenso wenig wie zuvor bei KiK. Unbezahlte Überstunden sind offenbar nicht nur bei dem Textildiscounter die Normalität.

Aber mir macht das alles wenig aus. Schließlich bin ich bald in Spanien! Die Vorbereitungen nehmen mich ganz in Beschlag. Noch während meiner Zeit bei KiK hatte ich einen Sprachkurs angefangen. Jede Woche gehe ich an einem Abend ins Kolping-Bildungswerk, um mein Spanisch zu verbessern. Ein paar Brocken kann ich schon von meinen diversen Urlauben. Wenn es so weit ist, soll ich in Spanien einen zweiwöchigen Crashkurs besuchen. Trotzdem habe ich Bammel: Ob ich es schaffe, mich in einer fremden Sprache gegenüber den Mitarbeitern durchzusetzen? Auch andere Zweifel kommen mir. Ich soll nach Madrid gehen, in eine der größten Städte Europas. Hoffentlich kommen die Kinder da zurecht, hoffentlich setzt ihnen die Hitze nicht so zu. Letztlich überwiegt aber eindeutig die Vorfreude.

Bis es so weit ist, ist noch einiges zu tun. Ich erkundige mich beim Landratsamt: Was ist mit der Rentenversicherung? Was mit den Steuern? Auf welche Schule soll ich meine Kinder schicken? Die Angestellten des Amtes sind eine große Hilfe. Die Regelungen in Bezug auf Steuern und Versicherungen sind recht unkompliziert. Anders die Schulwahl: Damit die Leistungen meines 13-jährigen Sohnes nicht gefährdet werden, soll er auf eine deutschsprachige Schule gehen. Diese gibt es aber nur als Privateinrichtungen, die nicht wenig Geld kosten. Doch mit meinem neuen Gehalt werde ich in der Lage sein, das eine Weile zu finanzieren. Das nächste Problem: der Verkauf meines Hauses, das ich vor gut zwei Jahren über Bankkredite finanziert habe. Der Makler sagt, für einen Verkauf brauche er mindestens mehrere Monate. Wenn es gut läuft, könnte ich von dem Erlös meine Schulden abzahlen. Da ich nicht weiß, wann genau ich umziehen werde, warte ich mit dem Hausverkauf noch ab.

Während meiner Einarbeitungszeit soll ich in vier Filialen eingesetzt werden, ich wechsele alle paar Monate. Meine Vorgesetzten sind zufrieden. An einem schönen Tag im Mai – die Probezeit ist mittlerweile abgelaufen – bin ich wie so oft mit dem örtlichen Verkaufsleiter, der mich bei der Betreuung der Filialen einarbeitet, im Auto unterwegs. Er räuspert sich. »Bei einer Sitzung habe ich kürzlich von einer Fusion in Spanien und Italien erfahren«, fängt er an. »Wenn ich es richtig verstanden habe, werden dadurch in Spanien keine Führungskräfte mehr gebraucht. Da habe ich gleich an Sie gedacht, Frau Schramm. Sie sollen doch dort eingesetzt werden. Hat man mit Ihnen schon darüber geredet?«

Ich bin wie vor den Kopf gestoßen. »Nein, ich weiß von nichts«, stammele ich, »aber ich hoffe doch, dass ich – wenn das so ist – darüber informiert worden wäre.«

»Fragen Sie am besten mal nach. Es wird schon alles gut ausgehen. Sie brauchen sich keine Sorgen zu machen, dass Sie gekündigt werden könnten. Und mit Ihren Referenzen werden Sie sicher nicht einfach als Filialleitung in einen Markt gesteckt.«

Sobald ich wieder im Laden bin, gehe ich ins Büro, ziehe die Tür hinter mir zu und wähle die Nummer meines Vorgesetzten, mit dem ich seinerzeit den Vertrag unterschrieben hatte. Erregt sage ich: »Ich habe gehört, Plus hätte im Zuge einer Fusion die Märkte in Spanien abgegeben. Stimmt das?«

»Das ist richtig. Aber was das für Folgen hat, kann ich Ihnen nicht genau sagen.«

»Ich weiß, dass hier im Bezirk alle Verkaufsleiterstellen vergeben sind. Werde ich jetzt entlassen, oder was?«

»Um Himmels willen, nein. Sie sind doch eine gute Kraft, ich habe nur Positives über Sie gehört. Wir wollen Sie auf jeden Fall behalten, auch wenn das mit Spanien nichts werden sollte.« Mit einem Lachen, das wohl beruhigend klingen soll, fügt er hinzu: »Sie werden auf jeden Fall nicht arbeitslos.«

Nachdem ich aufgelegt habe, schießen mir tausend Gedanken durch den Kopf: Zum Glück habe ich mein Haus noch nicht verkauft und meine Kinder bisher nicht von der Schule abgemeldet. Aber was mache ich jetzt? Hier ist keine Verkaufsleiterstelle frei, das weiß ich. Aber eine Filialleitung ist nicht das, was ich wollte. Warum habe ich mir den ganzen Stress angetan? Jetzt haben die mich schon wieder verarscht. Mir ist klar: Das war's. Ich werde mein Leben lang nicht mehr werden als eine Filialleiterin.

Ich hatte mich schon darauf eingestellt, bald nach Spanien zu gehen. Ich muss mich erst einmal über meine Rechte informieren, denke ich und rufe den Betriebsrat von Plus an. Ich schildere ihm meinen Fall. Er erklärt mir: »Sie haben einen Vertrag, den das Unternehmen erfüllen muss. Sie können allerdings an anderer Stelle eingesetzt werden.«

Genauere Erläuterungen bekomme ich von Hilmar Müller: »Wenn es eine Umstrukturierung im Unternehmen gibt, dann kannst du nichts dagegen tun. Sie müssen dir eine andere Arbeit anbieten und dürfen dein Gehalt nicht kürzen. Sie können dich aber zum Beispiel wieder zur Filialleiterin machen.«

Ich bin enttäuscht und wütend. Der Gewerkschafter versteht meine Verzweiflung, sagt aber auch: »Ich habe dich gewarnt, dass die hier ein abgekartetes Spiel abziehen. Schließlich sind KiK und Plus beide Teil der Tengelmann-Gruppe.«

Plötzlich fällt es mir wie Schuppen von den Augen. »Die haben mich gekauft!«, rufe ich.

Ausführlich spreche ich mit Annika über meine Vermutung. Meine beste Freundin sieht es genauso. Sie sagt: »Offenbar wollten sie mit deiner Abwerbung die Betriebsratswahl verhindern. Die haben sich wahrscheinlich ganz genau überlegt, wie sie dich kriegen können: Einschüchterung ging nicht, dann hätten wir die Gründung sofort durchgezogen. Und wenn sie dich mit einer Beförderung zur Verkaufsleiterin hätten ködern wollen, hättest du in ganz vielen Filialen Ärger machen können.«

»Das denke ich auch. Aber beweisen können wir das nicht.«

Das Unternehmen Plus

Der Lebensmitteldiscounter Plus hat nach eigenen Angaben in Deutschland 2912 Filialen mit rund 27 000 Beschäftigten. Europaweit gibt es mehr als 4000 Märkte. Im Geschäftsjahr 2006/2007 machte das Unternehmen allein in Deutschland einen Umsatz von 6,87 Milliarden Euro. Es gehört wie der Textildiscounter KiK, die Baumarktkette OBI und der Lebensmittelhändler Kaiser's zur Tengelmann-Gruppe. Insgesamt verfügt der Konzern über mehr als 8000 Filialen in 15 Ländern mit rund 152 000 Beschäftigten. Im Juli 2008 billigte das Bundeskartellamt die Fusion von Plus und Edeka. Die neue Discounter-Kette wird hinter Aldi und Lidl Deutschlands drittgrößte sein. Die Tengelmann Holding gehört der Familie Haub, die mit einem Privatvermögen von

3,2 Millarden Euro (2006) eine der reichsten Deutschlands ist. Geführt wird der Konzern von Karl Erivan, einem ehemaligen Mitarbeiter des Wirtschaftsberatungsunternehmens McKinsey.

Plus steht für »Prima leben und sparen«. Doch dass das Leben der Plus-Belegschaften alles andere als prima ist, zeigen zwei Nachrichten aus dem Jahr 2008: Anfang April enthüllte stern.de, dass nicht nur bei Lidl, sondern auch bei Plus Mitarbeiter systematisch bespitzelt und private Details minutiös protokolliert wurden. Zudem berichtete die Gewerkschaftszeitschrift »ver.di News« im Oktober von einem Vorfall in einem Plus-Lager im ostsächsischen Ottendorf-Okrilla. Am 12. September 2008 sollen dort 17 Beschäftigte bis zu zehn Stunden lang festgehalten und des Diebstahls von Elektroschrott bezichtigt worden sein. Diejenigen, die sich weigerten, einen Aufhebungsvertrag zu unterschreiben, wurden laut ver.di fristlos gekündigt. Zum von Plus verkündeten Motto einer »offenen Feedback-Kultur« und einer »vertrauensvollen Zusammenarbeit auf allen Hierarchieebenen« wollen diese Nachrichten nicht so recht passen.

(Quellen: www.stern.de/wirtschaft/unternehmen/615980.html; ver.di News 4. Oktober 2008; https://einzelhandel.verdi/unternehmen/netto_plus; Kampagne für saubere Kleidung: Wer bezahlt unsere Kleidung bei Lidl und KiK – Arbeitskraft zum Discountpreis, Schnäppchen für alle?, Berlin 2008)

5
NEUER DISCOUNTER, ALTE PROBLEME

Ich reiche bei Plus zum 31. Juli 2000 meine Kündigung ein. Das Angebot, eine Filiale zu übernehmen, die achtzig Kilometer entfernt liegt, schlage ich aus – dafür habe ich meine Stelle bei KiK nicht aufgegeben. Jetzt muss ich mir etwas Neues suchen. In der Zeitung stoße ich auf eine Annonce: Ein gerade eröffnetes Callcenter sucht Mitarbeiter. Mal was anderes, denke ich, und auf den Mund gefallen bin ich schließlich nicht. Das merken auch die Chefs in dem Callcenter. Sie stellen mich nicht nur sofort ein, sondern befördern mich schon nach einem Monat zur Teamleiterin. Es ist eine ganz andere Tätigkeit als bei meinen bisherigen Stellen im Einzelhandel. Ich sitze in einem Großraumbüro mit Headset vor dem Computer und führe Telefongespräche im Minutentakt. Der Großteil der Aufträge, die von allen möglichen Firmen kommen, ist »outbound«. Das heißt, wir müssen Menschen anrufen und ihnen Produkte aufschwatzen. Gerade wenn ich es selbst für unsinnig halte, fällt mir das nicht leicht. Andererseits ist die Atmosphäre unter den rund 40 Mitarbeitern gut und entspannt, alle sprechen sich mit Vornamen an.

Doch leider habe ich wieder Pech: Das Unternehmen hat sich mit seinen Expansionsplänen wohl übernommen – schon nach einem halben Jahr geht es pleite. Ich habe jetzt erst einmal die Nase voll. Vom Arbeitsamt erhalte ich Insolvenzgeld und später Arbeitslosengeld. Damit komme ich eine Weile zurecht. Meine Kinder freuen sich: Endlich hat ihre Mama viel Zeit für sie. Erst jetzt wird mir klar, was ich auch ohne

Job alles zu tun habe: waschen, putzen, kochen, die Kinder zum Sport bringen und so weiter. Ich frage mich, wie ich das vorher alles mit einer Vollzeitstelle hinbekommen habe.

Wenn die Kinder vormittags in der Schule sind, lege ich mich jetzt manchmal auf die Couch und lese ein Buch oder telefoniere. Diese Momente genieße ich richtig. Und doch: Schon nach wenigen Wochen werde ich unruhig. Ich bin einfach nicht der Typ dafür, nur in der Wohnung zu sitzen und den Haushalt zu machen. Das kommt mir vor, als würde ich nichts leisten – ich kann das einfach nicht. Immer öfter ertappe ich mich dabei, wie ich schon wieder in den Stellenanzeigen blättere und nach etwas Passendem Ausschau halte.

Meine Freundin Annika hat nach ihrem Abgang bei KiK eine neue Stelle gefunden. Sie arbeitet jetzt bei Lidl. An einem Oktobertag – wir sitzen gerade gemütlich in ihrer Wohnung beim Kaffee zusammen – sagt sie: »Mensch, wie wäre es denn, wenn du auch bei Lidl anfängst? Mit Lebensmitteln kennst du dich doch aus.« Ich bin skeptisch. Von meiner Zeit bei Plus weiß ich, dass die Arbeit im Supermarkt ein knochenharter Job ist. Ich habe wenig Lust, wieder meine ganze Zeit im Laden zu verbringen, ständig schwere Kisten zu heben und mir die Gesundheit zu ruinieren. Annika versteht meine Bedenken: »Das stimmt, und auf die Stunden darf man auch nicht schauen. Aber bei Lidl wird nach Tarif bezahlt. Urlaubs- und Weihnachtsgeld gibt es auch.«

»Ach, ich weiß nicht. Lass mir doch noch etwas Zeit.«

»Lidl macht bald eine Filiale in F. auf. Da nehmen sie dich bestimmt. Du willst doch arbeiten, oder nicht?«

»Ja schon. Aber ich will nicht schon wieder auf die Schnauze fallen.« Ich denke daran, wie es mir bei KiK und Plus ergangen ist. Mit Großkonzernen habe ich bis jetzt immer schlechte Erfahrungen gemacht. Andererseits bekomme ich nicht ewig Arbeitslosengeld, und mit 37 Jahren kann ich mir die Stellen auch nicht mehr aussuchen. »Na gut, ich kann ja mal eine Bewerbung hinschicken«, gebe ich schließlich nach.

Schon wenige Tage später klingelt mein Telefon: »Guten Tag, hier ist die Firma Lidl. Wir würden Sie gerne dazu einladen, sich bei uns vorzustellen.« Ich treffe mich mit dem regionalen Verkaufsleiter, Herrn Edelhoff, in der Lidl-Filiale in E. Als ich in den Laden komme, sitzen zwei Frauen an den Kassen. Ich gehe zur älteren der beiden und stelle mich vor. Die Frau ist um die 40 Jahre alt und hat ihre schwarzen Haare modisch kurz geschnitten. Sie stellt sich als Filialleiterin Frau Becker vor und zeigt mir den Weg zum Büro im hinteren Teil des Markts, wo Herr Edelhoff bereits auf mich wartet. Mit vielleicht Ende 20 ist der gut gekleidete und freundlich auftretende Mann deutlich jünger als ich. Ich zähle auf, wo ich bereits gearbeitet habe. Herr Edelhoff ist beeindruckt und will mich sofort einstellen, zunächst als Filialleiteranwärterin. Nach einer halbjährigen Einarbeitungszeit soll ich den neuen Markt in F. übernehmen, der demnächst eröffnet wird. Ich unterschreibe den Vorvertrag. Am 2. November – am 1. ist der Laden wegen Allerheiligen geschlossen – soll ich zur Einarbeitung antreten. »Ich teile Ihnen die Details vorher noch einmal mit. Und den Vertrag schicke ich Ihnen zu«, sagt er zum Abschied. Alles scheint reibungslos zu klappen.

Doch Herr Edelhoff meldet sich nicht. Auch Post bekomme ich nicht. Wenige Tage vor meinem ersten Arbeitstag rufe ich dann selbst an. Herr Edelhoff sagt: »Sie bekommen den Vertrag, wenn Sie anfangen. Das ist ja nur noch eine Formalie, Sie können sich darauf verlassen.« Ich soll um 11 Uhr, zu Beginn der Mittagsschicht, in die Filiale kommen. Bei meinen bisherigen Arbeitsstellen habe ich den Vertrag immer vor dem ersten Tag unterschrieben. Ich wundere mich ein wenig, dass es diesmal anders ist, denke aber nicht weiter darüber nach.

Am Morgen des 2. November bin ich früh wach. Ich mache den Kindern Frühstück und nehme mir viel Zeit, um mich zu schminken. Schließlich will ich an meinem ersten Arbeitstag gut aussehen. Ich fahre um 10 Uhr los, damit ich auf jeden Fall pünktlich bin. Von meiner Wohnung bis nach E. sind es ungefähr 40 Kilometer. Schon um 10.30 Uhr stelle ich meinen weißen Fiat Panda auf dem Parkplatz vor der Lidl-Filiale ab. Ich schaue mir das große, blau-gelb-rote Logo auf dem Gebäude an und denke: Hoffentlich werde ich nicht wieder über den Tisch gezogen. Ich atme tief durch und gehe hinein. An der Tür hängt ein großes Plakat: »Lidl: immer billig.« Drinnen sind zwei Kassen besetzt. Davor lange Schlangen. Eine der beiden Kassiererinnen ist die Filialleiterin Frau Becker, die ich noch von meinem Vorstellungsgespräch kenne. Sie sieht müde aus. Auf meine Begrüßung hin lächelt sie kurz und reicht mir mit einer hektischen Bewegung die Hand. Mit einem Blick auf die wartenden Kunden sage ich: »Ich gehe dann mal nach hinten. Sie haben ja noch zu tun.« Von meinem letzten Besuch weiß ich, wo der Aufenthaltsraum und das Büro sind.

»Ja, gehen Sie ruhig. Ich habe Ihnen Ihre Arbeitskleidung schon hingelegt«, sagt sie und wendet sich dem nächsten Kunden zu.

Der blaue Kittel mit dem gelben Logo auf der Brust liegt ordentlich gefaltet auf dem Tisch im Aufenthaltsraum. Ich ziehe ihn an, und da ich noch fast eine halbe Stunde Zeit habe, setze ich mich und zünde eine Zigarette an. Um 10.45 Uhr gehe ich zurück zu den Kassen. Die Kundenschlangen sind nicht kürzer geworden. Ganz schön was los für einen Freitagvormittag, denke ich. »Was soll ich machen?«, frage ich die Filialleiterin.

Während sie weiter Waren über den Scanner zieht, sagt sie: »Machen Sie sich doch erst einmal mit unserem Sortiment vertraut.«

Also laufe ich durch die langen Regalreihen und versuche mir zu merken, wo welche Produkte stehen. Natürlich spricht mich ein Kunde an: »Entschuldigung, wo finde ich denn Backpulver?«

»Es tut mir leid, ich bin heute den ersten Tag hier.« Es ist mir ein bisschen peinlich, dass ich mich noch nicht auskenne. Gemeinsam finden wir schließlich das Backpulver.

Dann sehe ich im Gang eine Palette mit Molkereiprodukten. Die muss sicher dringend eingeräumt werden, es ist schließlich gekühlte Ware, denke ich. Und bevor ich hier nur blöd rumlaufe, fange ich doch einfach damit an. Bei jeder Käsesorte muss ich erst suchen, wo sie hinkommt. Dadurch bin ich ganz schön langsam. Ich räume immer erst die ältere Ware heraus, um die frische nach hinten zu legen – so wie ich es bei Plus gelernt habe. Auf einmal spricht mich ein junger Mann in der blauen Uniform einer Geldtransportfirma an: »Ich möchte das Geld holen.«

»Das ist schön für Sie«, platzt es aus mir heraus. Dann erkläre ich: »Ich bin hier neu, ich gehe mal zur Filialleiterin.«

Frau Becker sitzt immer noch an der Kasse. Die Kundenschlange ist noch länger geworden. »Der Geldabholer ist da«, sage ich.

Frau Becker macht jetzt einen sehr gestressten Eindruck. Ein wenig grantig sagt sie: »Ich habe keine Zeit.«

Wahrscheinlich ist sie genervt, weil ich sie schon zweimal unterbrochen habe. Ich frage: »Was soll ich denn mit ihm machen? Ich habe ja keinen Schlüssel.«

Hastig kramt sie einen Schlüssel aus ihrer Kitteltasche und drückt ihn mir in die Hand. »Gehen Sie mit ihm nach hinten«, sagt sie kurzatmig.

Ich bin verdutzt. Schließlich kennt sie mich noch gar nicht richtig. Ich gehe also zum Büro, hinter mir der Mann von der Sicherheitsfirma. Hoffentlich kennt der sich aus, denke ich. Schließlich ist das Prozedere bei jedem Unternehmen anders, und ich habe keine Ahnung, ob und welche Formulare ich unterschreiben lassen muss. Ich beschließe, mit offenen Karten zu spielen: »Was muss ich überhaupt machen?«

Den Mann scheint das zu amüsieren. »Wir kriegen das zu zweit schon hin«, sagt er mit einem ermutigenden Lächeln. Tatsächlich geht alles gut. Er zeigt mir alles und unterschreibt das entsprechende Formular. »Viel Glück noch«, sagt er grinsend und geht hinaus.

»Ja, vielen Dank für die Hilfe«, rufe ich ihm hinterher. Hoffentlich geht das hier nicht so weiter.

Kurz darauf mache ich mich wieder ans Einräumen der Molkereiprodukte. Doch weit komme ich auch dieses Mal nicht. Nach wenigen Minuten läutet es im hinteren Teil der Filiale. Das kann nur die Warenannahme sein, denke ich. Ich lasse alles stehen und gehe wieder zu Frau Becker. »Hinten hat es geklingelt«, sage ich.

Sie atmet tief durch. »Frau Schramm, es tut mir leid, dass ich Sie so alleinlasse – Sie sehen ja, was hier los ist«, sagt sie entschuldigend mit einem Blick auf die Kundenschlange. »Das ist unsere Lieferung. Könnten Sie sich bitte darum kümmern und die Tür hinten an der Warenannahme aufsperren?« Sie holt einen Bund mit vielen Schlüsseln aus ihrer Tasche. »Es ist dieser hier«, einen der Schlüssel zwischen Daumen und Zeigefinger gepresst reicht sie mir den Bund über die Kasse hinweg.

»Okay«, sage ich und drehe mich um. Während ich mit schnellem Schritt Richtung Warenannahme gehe, denke ich: Na, die Frau Becker ist vielleicht doch ganz nett. Nur völlig überfordert.

Ich schließe die schwere Eisentür zur Warenannahme auf. Auf einmal geht eine laute, schrille Sirene los. Mir wird ganz heiß. Ach herrje, man muss wohl vorher den Alarm ausschalten. Nur: Welcher Schlüssel ist dafür der richtige? Ich schaue auf den dicken Schlüsselbund und denke: Wenn ich die alle durchprobiere, dauert das ewig. Ich brauche Hilfe, schießt es mir durch den Kopf. Ich reiße die Tür auf und renne hinaus auf die Verladerampe. Da steht der Lkw-Fahrer, der seine Ware abliefern möchte. »Können Sie mir bitte helfen?«, frage ich atemlos. »Wie stellt man denn hier den Alarm ab?«

Der etwa 50-jährige Mann trägt verwaschene Jeans und ein kariertes Hemd. Warum wohl alle Lkw-Fahrer das Gleiche tragen, frage ich mich und denke sofort: Jetzt hast du eigentlich andere Probleme, als dir über die Lieblingskleidung der Trucker Gedanken zu machen. Der Fahrer lacht: »Na, Madel, bist wohl zum ersten Mal da?« Trotz des Lärms hat er offenbar die Ruhe weg. »Dann zeig mir mal deinen Schlüssel.« Hektisch reiche ich ihm den Schlüsselbund, und er sagt: »Immer schön langsam. Das kriegen wir schon hin.« Nach einer gefühlten Ewigkeit hat er den richtigen Schlüssel gefunden und den Alarm ausgeschaltet. Endlich verstummt das Klingeln. Meine Ohren sind fast taub. Der Mann geht zum Lkw, ich bleibe stehen. Erst jetzt merke ich, wie verschwitzt ich bin. Ich komme mir dumm und unfähig vor, als hätte ich nie in meinem Leben eine Warenlieferung angenommen.

Der Fahrer kommt zurück und zieht eine Palette hinter sich her. Er stellt sie ab und geht erneut. Der kühle Novemberwind zieht durch die offene Tür in den Raum. »Und was muss ich jetzt machen?«, frage ich, als er mit Abladen fertig ist. »Muss ich die Ware kontrollieren, oder was?«

»Du zählst nur die Paletten und vergleichst sie mit dem Lieferschein. Und wenn's stimmt, unterschreibst du.«

Es sind vier Paletten, genau wie auf dem Formular. Gerade als ich unterschreiben will, kommt Frau Becker und fragt: »Haben Sie alles überprüft?«

Bevor ich antworten kann, ruft der Fahrer: »Ja, ja. Die macht schon alles richtig.«

Ich lächele dankbar und unterschreibe.

Frau Becker und ich gehen gemeinsam zum Aufenthaltsraum und lassen uns auf die Stühle an dem Tisch fallen. Endlich sitzen. »Können wir nicht du sagen?«, fragt Frau Becker und erklärt: »Mich regt das mit dem Sie immer auf, wir sind schließlich Kollegen.«

Ich lächele und reiche ihr die Hand: »Ich bin die Uli.«

»Ich heiße Susanne.«

Zwischen uns ist das Eis gebrochen. Wir zünden uns eine Zigarette an, und sie sagt: »So ist es hier jeden Tag. Wir sind einfach zu wenige Leute. Man muss immer zwei, drei Arbeiten gleichzeitig machen – anders geht's nicht.«

Ich erzähle davon, dass ich Ähnliches schon bei Plus mitgemacht habe: »Da haben wir auch zwei-, dreimal die Woche eine Lieferung bekommen.«

»Hier bei Lidl kommt jeden Tag eine.«

»Ist das dein Ernst? Wie schafft ihr das denn?«

»Siehst du ja.«

Wir unterhalten uns noch ein paar Minuten, dann gehen wir in den Verkaufsraum und sortieren gemeinsam die Molkereiprodukte fertig ein. Zwischendurch klingelt es immer wieder, und Susanne muss an der Kasse aushelfen oder eine Stornierung machen. »Ich möchte noch nicht gleich an die Kasse, wenn es geht«, sage ich.

»Natürlich, kein Problem.«

Nach und nach räume ich die gerade angelieferten Waren in die Regale. Immer wieder unterbrechen mich Kunden, die wissen wollen, wo was steht. Jetzt kann ich ihnen ab und zu schon weiterhelfen. Um 19 Uhr schließen wir den Laden ab. Susanne macht die Abrechnung. Ich schaue zu, kann mich aber überhaupt nicht mehr konzentrieren. Erst um 19.45 Uhr ist Feierabend. Ich bin todmüde. Auf dem Heimweg muss ich aufpassen, dass mir nicht die Augen zufallen. Um 22 Uhr liege ich endlich im Bett. Meinen Wecker stelle ich auf 4.30 Uhr, denn morgen habe ich Frühschicht. Kurz vor dem Einschlafen denke ich: Das ist ja noch stressiger als bei Plus – ob ich das lange durchhalte?

Das Unternehmen Lidl

Lidl ist neben Aldi der Gigant unter den Discountern. 2008 knackte das Unternehmen erstmals die Marke von 3000 Filialen in Deutschland. In Europa ist Lidl mit rund 7500 Läden in 24 Ländern Marktführer. Lidl ist Kern des Imperiums der Schwarz-Gruppe, die ihren Sitz im schwäbischen Neckarsulm hat und zu der außerdem Kaufland, Kauf-Markt und Handelshof gehören. Exakte Daten über den Konzern gibt es nur wenige, da Eigentümer und Management die Öffentlichkeit so weit wie möglich meiden. Die Zahl der Beschäftigten der gesamten Gruppe gab das Unternehmen für 2004 mit 151 000 an. Aktuelle Zahlen sind nicht bekannt, es dürften aber noch mehr geworden sein. Den Nettoumsatz schätzte die *Lebensmittelzeitung* 2006 auf über 50 Milliarden Euro.

Das äußerst verschachtelte Firmengeflecht besteht aus acht Stiftungen und mehr als 600 Gesellschaften. Die Regionalniederlassungen haben jeweils ein Lager und eine eigene Verwaltung. Die Filialen sind regional in den 2002 ausgegliederten Vertriebsgesellschaften zusammengefasst. Die als gemeinnützig anerkannte Dieter-Schwarz-Stiftung spielt in der komplexen Konzernstruktur laut ver.di als steuersparender »Parkplatz« für die operativen Gewinne der Kaufland- und Lidl-Gesellschaften eine bedeutende Rolle. Die Gewerkschaft vermutet zudem, dass sich der Konzern mit seiner komplexen Struktur der gesetzlich vorgeschriebenen Publizitätspflicht bei Jahresabschlüssen entzieht. Der Düsseldorfer Rechtsanwalt und Volkswirtschaftler Thomas Schmidt, der die gesellschaftlichen Verflechtungen des Schwarz-Imperiums im Auftrag von ver.di untersucht hat, bringt den Sinn des Ganzen so auf den Punkt: »Die Struktur der Dieter-Schwarz-Gruppe ist typisch für Familienunternehmen, die insbesondere Transparenz und Mitbestimmung vermeiden wollen.«

»Lidl ist billig« ist nicht zufällig die zentrale Werbebotschaft. Nicht zuletzt basiert das Geschäftsmodell auf extremer Ausbeutung der Verkäuferinnen und Verkäufer, die ausführlich in dem von ver.di 2004 veröffentlichten »Schwarzbuch Lidl« dokumentiert ist. Die Gewerkschaft zieht darin das Fazit: »Unsere Recherchen haben so viele Fälle von menschenunwürdiger Gängelung, unbezahlter Mehrarbeit, Austausch von Stammpersonal gegen billigere Kräfte, Missachtung des Gesundheitsschutzes und willkürlicher Arbeitseinteilung ergeben, dass nur ein Schluss übrig bleibt: Das alles sind wesentliche Bestandteile des Systems Lidl, das insbesondere seit 1990 erfolgreich auf dem wirtschaftlichen Vormarsch ist.«

Der derzeit in allen Filialen und Werbeprospekten zu findende Spruch »Lidl lohnt sich« trifft also nicht für alle zu. Einer, für den er uneingeschränkt gilt, ist der 69-jährige Dieter Schwarz. Der Gründer von Lidl-Discount und Kaufland ist mit einem geschätzten Vermögen von mehr als zehn Milliarden Euro der drittreichste Mensch in Deutschland.

(Quellen: Frankfurter Rundschau 25. September 2008; Kampagne für saubere Kleidung: Wer bezahlt unsere Kleidung bei Lidl und KiK – Arbeitskraft zum Discount-Preis, Schnäppchen für alle?, Berlin 2008; Andreas Hamann/Gudrun Giese: Schwarzbuch Lidl – Billig auf Kosten der Beschäftigten, ver.di, Berlin 2004; www.tagesschau.de/wirtschaft/meldung93942.html)

6

STRESS MIT SYSTEM

So stressig wie an meinem ersten Arbeitstag geht es weiter. Nach zwei Tagen bin ich völlig fertig – zum Glück ist erst einmal Sonntag. Im Haushalt mache ich nur das Nötigste, und nachdem ich meine fünf Kinder bekocht und zu diversen Freizeitaktivitäten gefahren habe, kann ich mich am Nachmittag immerhin für ein paar Stunden auf die Couch legen.

In der Filiale läuft es in der folgenden Woche etwas besser. Die Arbeit wird zwar nicht weniger, aber jetzt kenne ich mich langsam aus und muss nicht bei allem erst nachfragen. Die Filialleiterin Susanne Becker ist über meine Hilfe merklich froh. In einer Pause frage ich sie: »Weißt du, wie das hier mit dem Arbeitsvertrag läuft? Ich habe nämlich noch immer keinen bekommen.«

Susanne beruhigt mich: »Keine Sorge, das kann bei Lidl schon mal etwas dauern.« Sie erzählt, dass Herr Edelhoff, der mich vor einigen Wochen einstellte, Lidl mittlerweile verlassen hat.

Ich bin irritiert. Susanne sieht mir das offenbar an und sagt: »Ach, daran musst du dich gewöhnen. Die Verkaufsleiter wechseln bei Lidl alle paar Monate.« Dauernd würden die Zuständigkeiten für die Bezirke geändert, oft würden die Verkaufsleiter auch entlassen oder kündigten selbst. Sie fügt hinzu: »Wenn einer mal ein ganzes Jahr lang bleibt, ist das schon viel.« Ich wundere mich, sage aber nichts. Herr Edelhoff war eigentlich ein sympathischer Typ. Hoffentlich ist der Nachfolger ebenfalls nett.

Doch meine Hoffnung wird bald enttäuscht. Die neue Verkaufsleiterin Frau Schnabel kommt einige Tage später wegen meines Vertrags in die Filiale. Sie stellt sich kurz vor und sagt auf eine Art, die keinen Widerspruch duldet: »Wir gehen in den Aufenthaltsraum.« Frau Schnabel ist Ende 20, also deutlich jünger als ich. Sie trägt einen braunen Hosenanzug mit Nadelstreifen und hochhackige Schuhe. Mit schnellen Schritten geht sie voran, und wir setzen uns an den Tisch. Sie holt ihren Ordner aus der Tasche, blättert in den Unterlagen und sagt: »Sie haben den Personalfragebogen nicht richtig ausgefüllt. Hier ist nicht alles aufgeführt, was Sie vorher gemacht haben.«

Ich bin von dem scharfen Ton verunsichert. Dennoch erkläre ich: »Ich habe mich zwischendurch um meine Kinder gekümmert oder irgendwo als Aushilfe gearbeitet. Soll ich das alles aufschreiben?«

»Natürlich, wir wollen schon genau wissen, was Sie gemacht haben.«

»Dann reicht der Platz auf dem Fragebogen aber nicht«, entfährt es mir.

»Schreiben Sie eben alles auf, wo Sie länger als zwei Jahre gewesen sind«, sagt Frau Schnabel genervt.

Der Fragebogen bleibt nicht unser einziger Konflikt. Als wir den Vertrag durchgehen, fällt mir auf, dass das Gehalt 300 D-Mark niedriger ist, als mit Herrn Edelhoff vereinbart. Als ich das sage, antwortet Frau Schnabel: »Sie arbeiten schließlich noch nicht als Filialleiterin, deshalb kann ich Ihnen auch nur das Gehalt einer Stellvertretung zahlen.«

»Mir wurde gesagt, dass ich einen Filialleiteranwärtervertrag bekomme, aber auch in dieser Zeit wie eine Filialleitung bezahlt werde.« Ich bin empört.

»Das war ein Fehler, da kann ich nichts machen«, sagt Frau Schnabel knapp. Für sie ist das Thema damit erledigt.

Nachdem die Verkaufsleiterin aus dem Laden gegangen ist, lasse ich meiner Wut freien Lauf. »Was für eine arrogante Kuh – und die soll unsere Chefin sein? Na, prost Mahlzeit«, sage ich zu meiner Kollegin Susanne.

Sie ist voll auf meiner Seite: »Ja, der Frau eilt ihr Ruf voraus. Die ist bekannt für ihre harte und arrogante Art.« Mit einem Seufzer fügt sie hinzu: »Uli, mit der haben wir nichts zu lachen.«

Ich frage, ob sie weiß, warum der alte Verkaufsleiter Herr Edelhoff nicht mehr da ist.

»Das hat uns keiner gesagt, vielleicht wurde er entlassen. Ich kann mir vorstellen, dass er einfach zu nett war, um bei Lidl zu arbeiten.«

»Dann muss die Neue aber schon lange dabei sein.«

»Ja, die hat schon bei Lidl gelernt.«

Ich brauche eine Weile, um mich zu beruhigen. 300 D-Mark brutto weniger im Monat sind schließlich eine ganze Menge Geld. Doch dann sage ich mir: Es ist schließlich nur eine Übergangsphase. In ein paar Monaten bin ich Filialleiterin, und dann bekomme ich auch das Gehalt, das mir zusteht.

Trotz des Stresses macht mir die Arbeit Spaß. Ich lerne schnell, und Susanne behandelt mich als gleichberechtigte Filialleiterin. Ich mache Bestellungen und Abrechnungen, und wenn Susanne nicht da ist, schmeiße ich den Laden alleine. Der Termin für die Eröffnung in F. rückt näher. Ich freue mich. Hier gefällt es mir zwar gut, aber letztlich will ich meine eigene Filiale leiten. Als Frau Schnabel mal wieder im Laden ist – sie kommt etwa zweimal pro Woche vorbei –, spreche ich sie an: »Ich habe gehört, dass die Filiale drüben in drei Wochen aufmacht. Wird es nicht Zeit, dass ich mal rübergehe und beim Einräumen helfe, wenn das mein Laden werden soll?«

»Wie kommen Sie darauf, dass Sie den Laden leiten sollen?« Frau Schnabel schreit fast.

Ich bin wie vor den Kopf gestoßen. »Entschuldigen Sie, ich bin doch für die Filiale eingestellt worden. Das steht in meinem Arbeitsvertrag.«

»Tja, ich habe andere Pläne.«

»Und was soll mit mir passieren?«

»Sie bleiben erst einmal Stellvertretung in dieser Filiale.«

»Wie bitte?«

»Wenn Sie es unbedingt wissen wollen: Ich möchte in dem neuen Markt ein junges, dynamisches Team haben.«

»Ich bin Ihnen also zu alt.«

»Das«, sagt Frau Schnabel schnippisch, »haben Sie gesagt.«

»Hätten Sie mir das nicht schon vor sechs Monaten sagen können? Stattdessen lassen Sie mich hier in dem Glauben arbeiten, ich würde Filialleiterin werden – und dann so was?«

»Sie können ja kündigen, wenn es Ihnen hier nicht passt.«

Die Frau ist wirklich eiskalt. Ich sage nichts mehr, drehe mich um und verlasse den Raum.

Dieser Tag ist für mich gelaufen. Ich bin stinkwütend. Jetzt haben die mich schon wieder verarscht. Wie oft soll mir das noch passieren? Erst bekomme ich weniger Geld, als mir zugesagt wurde. Und dann wird mir auch noch die versprochene Position verweigert – nur weil sich diese Verkaufsleiterin an Absprachen und Verträge nicht gebunden fühlt. Und weil ich für die schon zu alt bin. Ich stehe erneut vor der Entscheidung: Mache ich trotzdem weiter oder höre ich auf? Nach mehreren schlaflosen Nächten und endlosen Gesprächen mit meiner Freundin Annika entscheide ich mich zu bleiben. Einen Job brauche ich. Außerdem verstehe ich mich bei Lidl mit den Kollegen gut. Irgendwie habe ich sogar das Gefühl, dass ich Susanne nicht hängen lassen kann. Die jahrelange Arbeit bei Lidl ist nicht spurlos an ihr vorübergegangen. Sie hat Rückenprobleme und ist nervlich angeschlagen. Nach einigen Monaten ist sie länger krankgeschrieben. In dieser Zeit übernehme ich die Filialleitung komplett und bin somit auch die Ansprechpartnerin der Verkaufsleitung.

Ich räume gerade Schokolade in die erste Regalreihe, als das schnurlose Telefon in meiner Kitteltasche klingelt. Wie immer melde ich mich mit: »Lidl-Filiale E., Schramm-de Robertis. Grüß Gott.«

Frau Schnabel ist am Apparat. »Haben Sie die Plakate aufgehängt?«, fragt sie unwirsch.

»Welche Plakate?«

Sie wird lauter: »Die Anweisungen der Geschäftsleitung zur aktuellen Werbung natürlich.«

Alle paar Tage müssen neue Plakate aufgehängt werden, die bestimmte Produkte als besonders billig anpreisen. Gelesen hatte ich die per Fax geschickte Aufforderung schon, aber es war so viel los im Laden, dass ich dafür noch keine Zeit hatte. »Tut mir leid, das habe ich noch nicht geschafft«, antworte ich, »ich muss noch die Palette abladen und dann zur Pausenablösung an die Kasse. Aber ich mache das mit den Plakaten noch.«

»Wenn eine Anweisung kommt, dann ist sie unverzüglich auszuführen und nicht erst später. Oder wollen Sie hier alles eigenmächtig umkrempeln? Für wen halten Sie sich eigentlich?« Jetzt schreit Frau Schnabel. »Können Sie lesen? Dann setzen Sie es um! Das Denken können Sie anderen überlassen.«

Spontan, ohne richtig nachzudenken, lege ich auf. Das gibt Ärger, ist mir sofort klar. Aber jetzt ist es passiert, und außerdem muss ich mich nicht so beschimpfen lassen. Ich versuche, mich zu beruhigen. Das geht am besten mit Arbeiten: Ich nehme weitere Schokoladenkartons von der Palette und stelle sie geordnet ins Regal. Es läutet an der Kasse. Das bedeutet, dass ich dort gebraucht werde. Noch auf dem Weg dorthin klingelt das Telefon wieder. Das ist sie, denke ich, hole tief Luft und drücke auf den grünen Verbindungsknopf. Doch stattdessen ist meine Freundin Annika dran. Sie ruft aufgeregt: »Sag mal, spinnst du? Was hast du denn gemacht?«

»Wieso?«

Annika erzählt, dass die Verkaufsleiterin während unseres Telefonats neben ihr stand. Nachdem ich aufgelegt hatte, sei Frau Schnabel wutentbrannt aus dem Laden gestürmt. »Die ist in fünf Minuten bei dir«, warnt Annika.

Doch mir kommt das jetzt gerade recht. Ich habe keine Lust mehr, mich von dieser Frau noch länger wie ein Kind behandeln zu lassen. »Soll sie nur kommen«, sage ich.

Bevor wir auflegen, rät Annika mir noch: »Pass auf dein Mundwerk auf. Bau keinen Mist.«

Nachdem ich an der Kasse eine Stornierung vorgenommen habe, gehe ich zurück zur ersten Regalreihe und räume die Palette weiter ab. Wenige Minuten später höre ich das kurze Stakkato von klappernden Schuhabsätzen hinter mir – ein typisches Geräusch von Frau Schnabel. Doch ich drehe mich nicht um. Mechanisch ordne ich weiter die Waren ins Regal. Das Klappern hört abrupt auf. Eine Aktentasche fällt mit einem Rums zu Boden. »Frau Schramm-de Robertis«, schreit Frau Schnabel.

Ich drehe mich langsam um und sage so ruhig ich kann: »Ja, bitte?«

Sie legt los: »Sagen Sie mal, was fällt Ihnen ein, einfach den Hörer aufzulegen, wenn ich mit Ihnen rede?«

Ich bin kurz davor, zurückzuschreien. Doch ich beherrsche mich. Ohne ein Wort drehe ich mich wieder um und setze meine Arbeit fort.

»In fünf Minuten im Büro«, zischt Frau Schnabel und verschwindet.

Was mache ich jetzt? Am liebsten würde ich gar nicht hingehen und einfach weiterarbeiten. Aber das geht natürlich nicht. Frau Schnabel ist schließlich meine Chefin. Ich spüre eine unglaubliche Aggression in mir. Wenn die mich noch ein Mal so anschreit, kann ich für nichts garantieren. Dann denke ich: Wir müssen das jetzt klären, so geht es nicht weiter. Ich habe jedes Mal Angst davor, von ihr angebrüllt zu werden. Auf einmal bin ich ganz ruhig. Ich muss zumindest versuchen, ein sachliches Gespräch mit ihr zu führen.

Ich komme ins Büro, Frau Schnabel sitzt am Schreibtisch. Ich setze mich dazu. »Das war ja wohl nicht angebracht, einfach den Hörer aufzulegen«, sagt sie. Ihr Ton ist deutlich ruhiger als zuvor.

Ich gehe nicht auf den Vorwurf ein, stattdessen erwidere ich: »Warum machen Sie mich permanent an? Was habe ich Ihnen getan? Ich bin ein ganz normaler Mensch, mit mir kann man reden. Ich bin zwar älter als Sie, aber Sie sind meine Vorgesetzte, ich habe Respekt vor Ihnen – doch irgendwann reicht's. Ihr Verhalten macht mich fertig.« Nach einer kurzen Pause fahre ich fort: »Und wenn Sie mich im Laden noch einmal so anschreien, dass sich die Kunden umdrehen, dann zeige ich Sie bei der Polizei an.«

Danach ist Stille. Frau Schnabel holt tief Luft. Langsam sagt sie: »Ja, Frau Schramm, es stimmt: Manchmal geht der Gaul mit mir durch, und ich treffe nicht den richtigen Ton. Aber das hat nichts mit Ihnen persönlich zu tun. Ich stehe halt auch ganz schön unter Druck.«

»Deshalb müssen Sie aber nicht so mit mir reden. Und was die Schilder angeht: Sie sehen doch selbst, was hier los ist. Es interessiert doch niemanden, ob da vor heute Abend Schilder hängen oder nicht.«

»Aber wenn die von der Zentrale hier reinkommen und das sehen …« Jetzt klingt ihre Stimme beinahe leidend.

»Dann sehen die auch, dass ich gerade andere Sachen zu tun habe, als irgendwelche blöden Schilder aufzuhängen, auf die eh kein Mensch guckt. Da kassiere ich doch lieber die Kunden ab und sorge dafür, dass genug Ware in den Regalen ist. Ich muss doch selbst solche Prioritäten setzen können, ohne dass Sie mich dafür anmotzen.«

»Es tut mir leid. Wie gesagt: Manchmal treffe ich nicht den richtigen Ton«, sagt sie leise.

»Nun ja, ich hoffe, dass wir in Zukunft besser miteinander umgehen.« Vielleicht ist sie ja doch menschlich, denke ich.

Bald darauf nimmt meine Kollegin Susanne nach mehrwöchiger Krankheit ihre Arbeit als Filialleiterin wieder auf. Da sie Frühschicht hat, mache ich abends alleine die Abrechnung. In diesem Moment kommt Frau Schnabel ins Büro – Spätkontrolle. Das gibt es bei Lidl regelmäßig. Wir gehen die Abrechnung durch, alles ist korrekt. In vertrauensvollem Ton fragt mich die Verkaufsleiterin, zu welchen Uhrzeiten Susanne heute im Laden war.

»Ganz normal, zur Frühschicht«, antworte ich verwundert.

»Mir ist aufgefallen, dass Frau Becker manchmal früher geht oder später kommt, sich die Stunden trotzdem aufschreibt. Haben Sie das noch nicht bemerkt?«

»Nein.« Ich weiß zwar, dass Susanne ab und zu früher geht, aber das gleicht nur einen Teil ihrer unbezahlten Überstunden aus. Statt acht ist Susanne immer neun, zehn oder mehr Stunden im Laden – genau wie wir alle.

Frau Schnabel sagt: »Ich habe eine Bitte. Könnten Sie mich darüber informieren, wann Frau Becker kommt und wann sie geht?«

Mir ist sofort klar: Das kann ich nicht machen. Ich bespitzle meine Kollegin nicht. Und außerdem hat sie nichts Unrechtes getan. Was für eine Intrige wird hier gesponnen? Dennoch sage ich: »Okay, mache ich.« Ich will das neu gewonnene Vertrauensverhältnis mit der Verkaufsleiterin nicht gleich wieder aufs Spiel setzen.

Jetzt bin ich in der Zwickmühle. Ich bin mir zwar sicher, dass ich keine Informationen weitergeben werde, aber ich weiß nicht, ob ich Susanne von dem Gespräch erzählen soll. Womöglich sind ja noch andere darauf angesetzt, sie zu beobachten. Andererseits: Wenn ich es ihr sage, denkt Susanne vielleicht, dass ich mir das ausgedacht habe und selbst Intrigen spinne. Und was ist, wenn sie Frau Schnabel darauf anspricht? Dann bin ich die Dumme. Ich entscheide mich schließlich, es ihr nicht zu sagen. Aber ich muss mit jemandem darüber reden. Bei der nächsten Gelegenheit spreche ich Barbara darauf an. Sie ist Susannes eigentliche Stellvertreterin, und wir haben ein gutes Verhältnis. »Haben sie dich auch gefragt, ob Susanne kommt und geht, wann sie will?«

»Ja. Mir ist übrigens auch schon aufgefallen, dass sie öfter mal freimacht.«

»Aber Barbara, Susanne arbeitet doch sowieso mehr, als sie muss. Und wir gehen schließlich alle mal eine Stunde früher, wenn es geht.«

»Ja, aber sie übertreibt es – und das als Filialleiterin.«

So funktioniert es, denke ich. Wir machen alle massenhaft unbezahlte Überstunden, und wenn eine sie ab und zu mal abfeiert, fühlen sich die anderen Kolleginnen benachteiligt.

Einige Zeit später komme ich nach einem freien Tag in die Filiale. Barbara kommt auf mich zugestürmt und ruft: »Wir haben Susanne beim Klauen erwischt.«

»Wie bitte?«

»Ja, die Getränke im Kühlschrank, dafür hat sie keine Bons gehabt.«

Wegen der neu eingeführten Pfandregelung wird der Getränkeverkauf umgestellt. Die alten Produkte gibt es zum halben Preis. Deshalb haben wir alle uns in den vergangenen Tagen reichlich eingedeckt. Susanne hat einige Flaschen im Kühlschrank des Aufenthaltsraums deponiert, für die Pausen. Aber selbst wenn sie für alle Kassenzettel hat – wie will sie beweisen, dass diese zu den Flaschen im Kühlschrank gehören? Und im Einzelhandel ist eine Kündigung auf bloßen Verdacht hin möglich, ohne dass die Tat konkret nachgewiesen werden muss.

Hinten im Aufenthaltsraum steht Frau Schnabel neben einer jungen, schlanken Frau mit blonden Haaren. Sie wird mir als Frau Lederer vorgestellt, die als neue Verkaufsleiterin eingearbeitet wird, weil Frau Schnabel in einen anderen Bezirk wechseln soll. Frau Schnabel fragt: »Können Sie mir sagen, wem diese Flaschen gehören?« Ich bestätige, dass es Susannes sind. Das stimmt ja auch. Sie erzählt mir erneut, was Susanne vorgeworfen wird und dass sie »freigestellt« wurde – mit anderen Worten: entlassen. »So, Frau Schramm, nun sind Sie hier die Filialleitung. Jetzt können Sie sich beweisen«, sagt Frau Schnabel feierlich.

Doch bei mir kommt keine Freude auf. Eigentlich wollte ich meine Zukunft nicht auf dem Schicksal eines anderen Menschen aufbauen. Ich bin verunsichert. Wenn es so einfach ist, jemanden loszuwerden, dann ist meine Existenz hier völlig unsicher. Susanne war älter als 40. Ich vermute, dass das der eigentliche Grund für ihre Entlassung ist. Es ist klar, dass man in diesem Alter weniger belastbar und häufiger krank ist als mit Anfang 20. Ich selbst bin nur wenig jünger als meine ehemalige Kollegin. Vielleicht ergeht es mir ja irgendwann genauso.

Einige Tage darauf rufe ich Susanne an. Sie ist verzweifelt. »Natürlich habe ich die Flaschen bezahlt«, versichert sie mir. »Ich habe den Kassenzettel wie immer drangeklebt. Aber wie soll ich das beweisen?«

Ich glaube ihr. Doch leider kann ich ihr nicht helfen. Wir halten Kontakt. So erfahre ich, dass Susanne einige Monate später mit einer Kündigungsschutzklage immerhin eine gute Abfindung herausgeholt hat. Auch eine neue Stelle hat sie schließlich gefunden.

Die neue Verkaufsleiterin Frau Lederer steht ihrer Vorgängerin mit ihrem arroganten und aggressiven Auftreten in nichts nach. Ich rufe sie nur an, wenn es nicht zu vermeiden ist, denn meistens wird man gleich angeschnauzt. Doch heute geht es nicht anders. Schon vor einigen Tagen hatte ich die bereits benutzte Farbrolle im Faxgerät neu aufgerollt, um nicht bei Frau Lederer anrufen zu müssen. Die bestellte Rolle ist jedoch immer noch nicht da, als die alte erneut zu Ende ist. Noch einmal aufrollen ist nicht möglich, schon jetzt kann man auf dem Faxpapier kaum noch etwas erkennen. Dabei kommen die Anweisungen der Geschäftsleitung immer per Fax. Es bleibt mir also nichts anderes übrig: Ich greife zum Telefon und drücke die Kurzwahlverbindung zu der Verkaufsleiterin. »Tut mir leid, dass ich Sie damit belästigen muss, aber ich brauche ganz dringend eine Farbrolle für das Faxgerät.«

Sie fängt sofort an zu schimpfen: »Glauben Sie eigentlich, dass ich mit einem Lkw durch die Gegend fahre, um Sie jederzeit mit Material zu versorgen, weil Sie zu blöd sind, rechtzeitig zu bestellen?«

»Es tut mir leid. Das ist mir noch nie passiert. Ich habe die Rolle auch schon zum zweiten Mal genommen, aber jetzt kann ich wirklich nichts mehr lesen.«

»Ich schaue, ob ich in einer anderen Filiale eine Rolle bekomme«, sagt sie scharf und legt auf.

Ich bin verängstigt. Wenn Frau Lederer sich schon wegen einer Faxrolle so aufregt, dann wird das kein angenehmer Besuch. Wenig später höre ich das Geklapper der Stöckelschuhe – derselbe Sound wie früher bei Frau Schnabel. Ich gehe ins Büro und warte. Frau Lederer reißt die Tür auf, knallt die Farbrolle auf den Tisch und schreit: »Da haben Sie Ihr Band, und das nächste Mal denken Sie früher dran – ich bin ja nicht Ihr Butler.«

»Entschuldigung, es wird nicht mehr vorkommen.« Während ich das Farbband ins Fax einbaue, überlege ich: Das geht nicht so weiter. Ich traue mich ja kaum, sie anzusprechen. Dabei ist sie meine Vorgesetzte, ich muss doch mit ihr zusammenarbeiten. Jetzt oder nie – ich muss versuchen, vernünftig mit ihr zu reden. Bei Frau Schnabel ist es ja auch gut gegangen, auch wenn es letztlich nichts geändert hat. Ich klappe den Deckel des Faxgeräts zu, drehe mich um und sage bestimmt: »Kann ich mal mit Ihnen sprechen?«

Sie ist augenscheinlich überrascht. Nach einer kurzen Pause sagt sie: »Okay, Frau Schramm. Gehen wir rüber und rauchen eine.« Ihr Ton ist jetzt ganz ruhig, fast freundlich. Das ist doch ein ganz guter Anfang, denke ich.

Wir gehen die kleine Treppe in den Aufenthaltsraum hinunter, setzen uns an den Tisch und zünden uns eine Zigarette an. Nach kurzem Zögern beginne ich: »Ich kann so nicht weitermachen. Sie sind meine Vorgesetzte, aber können Sie nicht in ganz normalem Ton mit mir reden, anstatt mich immer anzubrüllen? Ich brauche meine Nerven für meine Arbeit und halte das nicht mehr aus.« Eindringlich wiederhole ich den letzten Satz: »Ich halte das einfach nicht mehr aus.«

Danach ist es still. Ich fürchte, dass sie gleich explodiert und mich so richtig fertigmacht. Doch es folgt etwas anderes. Leise sagt Frau Lederer: »Ach, Frau Schramm, Sie wissen gar nicht, was ich hier mitmache. Ich habe mir das auch alles leichter vorgestellt.«

Ich bin baff. Statt zu schreien, redet sie ganz normal mit mir.

Sie spricht weiter: »Was glauben Sie, wie ich als Verkaufs-leiterin unter Druck stehe? Ich rede jetzt offen mit Ihnen, denn ich werde das hier ohnehin nicht mehr lange machen. Der Druck ist nicht auszuhalten: Zahlen, Zahlen, Zahlen – das ist alles, worum es bei Lidl geht. Immer muss man die erwarteten Ergebnisse erreichen. Und wenn man das schafft, sind die Vorgaben das nächste Mal noch höher. Es wird von mir verlangt, dass ich diesen Druck weitergebe. Eigentlich ist es gar nicht meine Art, Menschen anzuschreien. Doch die Leute sollen Angst haben – und ich muss dafür sorgen. Aber ich kann das nicht, ich schaue mich nach einer anderen Stelle um.«

Nach einer kurzen Pause fährt sie fort: »Glauben Sie mir, Frau Schramm, ich habe gegen Sie persönlich nie etwas ge-habt – im Gegenteil: Sie sind immer ruhig geblieben.«

Ich bin ergriffen. Ich hätte nie gedacht, dass eine Verkaufs-leiterin – und schon gar nicht Frau Lederer – so offen mit mir redet.

Das Discounter-Prinzip

Der Einzelhandel in Deutschland ist geprägt von einem drastischen Konzentrationsprozess: Wenige, rasch ex-pandierende Großkonzerne dominieren den Markt und verdrängen kleine Läden und den Fachhandel. Die Ver-kaufsflächen haben sich seit 1970 verdreifacht, doch zugleich ging die Zahl der Verkaufsstellen zurück – allein in den zehn Jahren zwischen 1996 und 2005 von 75 667 auf 61 460. Während in Italien auf 100 000 Einwohner 124 Lebensmittelläden kommen, sind es hierzulande nur noch 50. Die fünf größten Einzelhandelskonzerne verbuchten im Jahr 2003 in Italien 39 Prozent des Umsatzes mit Lebensmitteln. In Deutschland wurde von Metro, Aldi, Rewe, Edeka sowie der Schwarz-Gruppe mit Lidl und Kaufland ein fast doppelt so großer Anteil umgesetzt (70 Prozent).

Trotz des Gejammers einiger Unternehmer wird im Einzelhandel viel Geld verdient. Allein zwischen 1998 und 2004 stiegen die jährlichen Gewinne von 9,3 auf 11,6 Milliarden Euro. Wie lukrativ dieses Geschäft ist, lässt sich auch an der Liste der deutschen Milliardäre ablesen. Diese wird seit Jahren von den Albrecht-Brüdern angeführt, denen der Discounter-Gigant Aldi gehört. Beide schafften 2009 mit 18,8 bzw. 21,5 Milliarden US-Dollar auch den Sprung in die vom Wirtschaftsmagazin *Forbes* veröffentlichte Liste der zehn reichsten Männer der Welt.

Eine entscheidende Rolle beim Konzentrationsprozess im Einzelhandel spielen die Discounter, die mittlerweile 42 Prozent des hiesigen Lebensmittelhandels kontrollieren. Grundlage dieser Erfolgsgeschichte sind niedrige Kosten und daher hohe Profitmargen. Das liegt zum einen am begrenzten Sortiment: Während Aldi und Lidl nur etwa 700 bzw. 1000 Artikel anbieten, sind es bei einem herkömmlichen Supermarkt rund 25 000. Dadurch steigern die Konzerne ihre Einkaufsmacht – sie können den Zulieferern die Preise weitgehend diktieren.

Auf Dekoration wird verzichtet, die Waren stehen schmucklos in Kartons in Regalen oder auf dem Boden. Zudem versuchen die Discounter, die Lagerbestände so niedrig wie möglich zu halten (»lean retailing«). Damit werden nicht nur Kosten gespart, sondern auch das Risiko auf die Zulieferer verlagert: Verkauft sich eine Ware schlecht, bleibt nicht der Discounter auf ihr sitzen, sondern der Zulieferer. Zugleich ist dieser verpflichtet, sämtliche Bestellungen innerhalb weniger Tage auszuliefern. Die Lieferanten geben den finanziellen und zeitlichen Druck zumeist an ihre Beschäftigten weiter, wie die Reportage von Günter Wallraff über die Arbeit in einer Lidl beliefernden Brötchenfabrik dokumentiert (Günter Wallraff, Aus der schönen neuen Welt, Köln 2009).

Last but not least gilt das Billig-Prinzip der Discounter auch für ihre Angestellten, die oftmals schlecht bezahlt sind, unbezahlte Überstunden leisten und einem enormen Arbeitsdruck ausgesetzt sind. Der Lohnkostenanteil an den Gesamtkosten macht bei Discountern nur 6,7 Prozent aus. Bei Supermärkten sind es mehr als 14 Prozent. Die Folge sind schlechterer Service und weniger bis keine Beratung. Aber nicht nur das. Da die Discounter kleinere Läden verdrängen, geht die Vielfalt der Angebote zurück. Lokale Firmen und Landwirte verlieren ihren Absatzmarkt, Angestellte kleinerer Geschäfte ihren Job. Oft werden die Einkaufswege länger, wodurch älteren und kranken Menschen ohne Auto das Leben erschwert wird.

(Quellen: Kampagne für saubere Kleidung: Wer bezahlt unsere Kleidung bei Lidl und KiK – Arbeitskraft zum Discountpreis, Schnäppchen für alle?, Berlin 2008; www.forbes.com)

7

ERSETZT

Es ist kurz vor 14 Uhr, meine Frühschicht ist bald zu Ende. Abgelöst werde ich von Beate, die nach dem Abschluss ihrer Ausbildung meine zweite Stellvertreterin geworden ist. Ich gebe ihr den Büroschlüssel, und wir tratschen noch ein bisschen. Annegret kommt aus dem anliegenden, kleinen Büroraum. Die Kassiererin hat ebenfalls Feierabend. »Ich habe die Kasse mit der Abrechnung hingestellt. Ich gehe schon mal los, mein Mann wartet draußen«, sagt sie.

»Okay, schönen Feierabend«, ruft ihr Beate hinterher und zündet sich eine Zigarette an. Auch ich verabschiede mich, gehe auf Toilette und verlasse die Filiale. Heute ist die Zeit bei der Arbeit wie im Flug vergangen, jetzt freue ich mich auf einen entspannten Nachmittag.

Um 20.45 Uhr klingelt bei mir zu Hause das Telefon. »Ich bin's, Beate.« Aufgeregt spricht meine Kollegin weiter: »Es fehlen mehr als 2000 Euro in der Kasse.«

»Das kann doch nicht sein. Habt ihr alles noch mal durchgerechnet?«

»Ja, aber das Geld ist weg. Wir können uns überhaupt nicht erklären, wie das kommt.«

»Seid ihr sicher? Vielleicht habt ihr ja denselben Fehler zweimal gemacht.«

»Nein, wir haben es uns alle zusammen mehrmals angeguckt. Wir finden keinen Fehler.«

»Vielleicht ist das Geld ja irgendwo runtergefallen«, vermute ich.

»Ich schwöre es, wir haben schon alles auf den Kopf gestellt, die Papierkörbe durchsucht und so weiter – das Geld ist
weg.« Beate ist verzweifelt.

»Das ist doch unmöglich. Es ist bestimmt ein Rechenfeh-
ler.«

»Wir haben alles zehnmal durchgerechnet. Wir finden
nichts.«

»Na gut«, sage ich mit einem Seufzer, »ich komme raus.«

Eigentlich wollte ich früh ins Bett, morgen muss ich um 5
Uhr schon wieder aufstehen. Stattdessen steige ich in mein
Auto und fahre zur Filiale. Dort rechnen wir gemeinsam –
außer Beate sind noch zwei Verkäuferinnen anwesend – alles
noch einmal durch. Doch wie wir es auch drehen und wenden: Es fehlen 2072 Euro und 56 Cent. Erneut suchen wir das
ganze Büro und auch den Aufenthaltsraum ab – nichts.

»Scheiße, das kann doch nicht sein«, sage ich. »Ich muss
Frau Lederer anrufen.«

»Ich komme«, sagt die Verkaufsleiterin sofort und weist an:
»Alle sollen in der Filiale bleiben.«

Mit ihr zusammen gehen wir noch einmal alles durch. Wir
vergleichen die fehlende Summe mit allen Abrechnungspos-
ten. Da fällt uns auf, dass genau der Betrag fehlt, den Annegret mittags abgerechnet hatte. Ich klingele die Verkäuferin
aus dem Bett und innerhalb einer halben Stunde steht sie im
Aufenthaltsraum. »Ich habe die Kasse dort hingestellt«, beteuert sie und zeigt auf den kleinen Bürotisch.

»Hast du das Geld denn nicht weggeschlossen?«, frage ich
Beate.

Diese hat jetzt Tränen in den Augen. »Ich glaube nicht«,
presst sie hervor.

»Aber dann muss ja jemand hier hereingekommen sein«,
sagt Frau Lederer. »War denn die Bürotür nicht verschlos-
sen?«

»Ich weiß es nicht mehr«, sagt Beate leise. Sie fängt an zu weinen.

Ich tröste sie. Doch mir ist klar: Das war's für mich – ich bin auf jeden Fall meinen Job los. Als Filialleiterin trage ich schließlich die Verantwortung, auch wenn ich gar nicht anwesend war und den Büroschlüssel schon abgegeben hatte.

Frau Lederer ruft ihren Vorgesetzten, den Vertriebsleiter, an. Dieser hat schon geschlafen und nimmt die Information über das fehlende Geld offenbar ohne größere Reaktion auf.

»Ich muss jetzt auch die Polizei verständigen«, sagt Frau Lederer bestimmt.

Es dauert nicht lange, bis der Streifenwagen auf den Parkplatz gefahren kommt. Die Beamten haben sogar Spürhunde mitgebracht. Mit ihnen suchen sie noch einmal die gesamte Filiale ab. Auch unsere Autos werden untersucht. Doch das Geld bleibt verschwunden. Es ist mittlerweile 2.30 Uhr. »Frau Schramm, jetzt fahren Sie nach Hause«, sagt Frau Lederer.

»Soll ich morgen überhaupt noch mal kommen?«

»Ja, machen Sie erst mal ganz normal weiter.«

Nach knapp anderthalb Stunden Schlaf bin ich wieder wach und fahre zur Arbeit. Es wird wohl das letzte Mal sein, denke ich. Wie in Trance spule ich die übliche Routine ab: leere Paletten entsorgen, Kassen ausgeben, Waren einräumen. Schon bald kommt der erwartete Anruf von Frau Lederer. »Und«, frage ich, »haben Sie mit Ihrem Vorgesetzten gesprochen? Was passiert jetzt?«

»Frau Schramm, wir sollten uns treffen. Ich habe Ihnen etwas zu sagen.«

»Wollen Sie mir gleich die Kündigung aushändigen?« Dass sich das unverschämt anhört, ist mir inzwischen egal.

»Nun lassen Sie uns erst mal in Ruhe reden. In einer halben Stunde im Café Einstein, schaffen Sie das?«

»Na gut, bis gleich.« Ich bin mir sicher, dass sie mir meine Entlassungspapiere geben oder zumindest einen Aufhebungsvertrag anbieten wird. Natürlich sagt sie das nicht am Telefon. Seit unserem Gespräch ist Frau Lederer tatsächlich anständig zu mir gewesen. Das nützt mir jetzt allerdings auch nichts mehr. Mit diesen Gedanken fahre ich zu dem Café in H. Frau Lederer wartet bereits.

»Setzen Sie sich, Frau Schramm. Wollen Sie einen Kaffee?«

»Frau Lederer, machen Sie es nicht so spannend. Schieben Sie einfach die Kündigung rüber, und dann ist gut.« Ich habe mich mit meinem Schicksal irgendwie schon abgefunden.

»Frau Schramm, ich muss Ihnen gleich sagen: Ich finde es unmöglich.«

»Was?«

»Aber auch Sie und Ihre Kolleginnen tragen Schuld. Sie waren unachtsam.«

»Das gebe ich ja zu. Ich war zwar schon weg, aber als Filialleitung hätte ich dafür sorgen müssen, dass Annegrets Kasse ordentlich weggeschlossen wird.«

»Was ich unmöglich finde, ist aber etwas anderes: Erinnern Sie sich, dass ich gestern Nacht den Vertriebsleiter angerufen habe und der gar nichts zu dem ganzen Vorgang gesagt hat?«

»Ja«, sage ich. Mir ist nicht klar, worauf Frau Lederer hinauswill.

»Das Geld wurde von dem Obstbeauftragten der Zentrale entwendet – als Test.«

Ich bin baff. Ein Mitarbeiter des Unternehmens hat den Kasseninhalt mitgenommen, »als Test«?! Die Obstbeauftragten kommen des Öfteren in die Filiale, um die Obstpreise zu kontrollieren und gegebenenfalls zu korrigieren.

»Und der hat einfach so das Geld mitgenommen? Warum denn?«, frage ich entgeistert. Ich denke an den ganzen Trubel der vergangenen Nacht, unser Suchen, den Polizeieinsatz.

»Ich verstehe es auch nicht«, sagt Frau Lederer, mit der ich mich auf einmal solidarisch verbunden fühle.

Bis heute ist mir unklar, ob diese Aktion die verrückte Idee eines einzelnen Mitarbeiters war oder ob auch so etwas zum Repertoire des »Systems Lidl« gehört.

Fast ein Jahr lang leite ich die Filiale in E. Die Arbeit ist nicht nur stressig, sondern auch körperlich extrem belastend. Vom Einsortieren des Obstes morgens früh bis zum Einräumen der letzten Ware am späten Nachmittag – ständig muss man bis zu 20 Kilogramm schwere Kisten und Kartons heben. Pro Tag addiert sich das auf mehrere Tonnen Gewicht. Wegen des Zeitdrucks überfordert man sich permanent selbst. Oft nehme ich zwei Kisten auf einmal, obwohl sie eigentlich zu schwer dafür sind. Die Folgen bekomme ich bald zu spüren: Immer öfter habe ich Rückenschmerzen. Es wird so schlimm, dass ich ohne Schmerzen nichts mehr heben, mich nicht bücken oder strecken kann. Ich nehme Schmerztabletten. Erst sind es drei am Tag, doch irgendwann hilft das nicht mehr. Ich erhöhe die Dosis. Schließlich schlucke ich jeden Tag zehn Schmerztabletten – doch es hilft nicht mehr. Ich komme kaum aus dem Bett, kann die Treppe nur noch hochkriechen, mich beim Haarewaschen nicht mehr vorbeugen. Es hat keinen Sinn mehr, ich gehe zum Arzt. Er schreibt mich sofort krank und gibt mir Infusionen mit Kortison, da einfache Schmerzmittel nicht mehr reichen. Mit Krankengymnastik versuche ich, meinen Rücken zu stärken.

Nach drei Monaten kann ich mich wieder etwas besser bewegen. »Könnten Sie mich nicht wieder gesundschreiben? Es geht schon wieder«, bitte ich den Arzt.

Er runzelt die Stirn und sagt nachdenklich: »Ich glaube nicht, dass Sie schon wieder arbeiten sollten.«

»Aber ich muss, sonst schmeißen die mich noch raus.«

»Sie brauchen eine Kur, um sich richtig zu erholen.«

»Das kann ich ja dann später einmal machen«, wiegele ich ab. Schließlich gibt der Orthopäde nach und beendet meine Krankschreibung.

Die Kolleginnen freuen sich, dass ich wieder da bin. Die Filiale wird gerade umgebaut. Für mich ist das der Härtetest: Bücken, heben, tragen – was man sonst vier oder fünf Stunden am Tag tut, muss ich jetzt länger als zehn Stunden machen. Alle machen Überstunden, der Laden muss schließlich rechtzeitig fertig werden. Ich hebe gerade eine schwere Palette Konserven vom Boden, als es passiert: Ich spüre ein Knacken im Rücken und lasse die Palette fallen. Ich versuche, mich aufzurichten. Doch ich bin nicht mehr in der Lage, gerade zu stehen. Die Verkaufsleiterin Frau Lederer hat den Vorfall mitbekommen und sagt: »Es reicht jetzt. Gehen Sie zum Arzt.«

»Dann bin ich ja wieder krank. Die schmeißen mich doch bestimmt raus, wenn ich das tue.«

»So hat es jedenfalls keinen Sinn, so können Sie nicht arbeiten.«

Der Orthopäde ist nicht glücklich, mich so schnell wiederzusehen. Er verkneift sich eine Bemerkung darüber, dass ich darauf bestanden hatte, wieder arbeiten zu gehen. Meine Kur wird ohne Umstände genehmigt. Da es ein Akutfall ist, breche ich schon wenige Wochen später nach Bad Steben bei Hof auf. Es tut mir gut, mal etwas für mich zu tun. Die mir verordnete Diät wirkt, ich nehme mehr als 10 Kilo ab. Nach vier Wochen fahre ich gut erholt wieder nach Hause. Vor allem die Meditation, bei der man über Kopfhörer Meeresrauschen und Vogelgezwitscher hört, war wunderbar. Eine Stunde ganz abschalten – das kommt in meinem Alltag nicht vor. Trotzdem freue ich mich auf zu Hause, auf meine Kinder und meinen Mann.

Gut gelaunt rufe ich die Verkaufsleiterin Frau Lederer an: »Ich bin wieder da. Ab Montag bin ich gesundgeschrieben.«

»Das freut mich, Frau Schramm. Ich muss Ihnen aber etwas sagen: Ich musste jemanden für Sie einstellen.«

Ich brauche eine Weile, bis ich begreife, was sie sagt: Ich wurde ersetzt. »Und was soll ich jetzt machen?«, frage ich.

»Da wird sich sicher etwas ergeben. Allerdings wurden die Bezirke inzwischen neu aufgeteilt, sodass ich nicht mehr für Sie zuständig bin. Es tut mir leid.« Ich glaube ihr. Das nützt mir aber auch nichts.

Der neue Verkaufsleiter ist Herr Meyer. Ich treffe ihn in meiner – für mich ist es immer noch meine – Filiale. Geleitet wird sie inzwischen von einem Mann, der einige Jahre jünger ist als ich. Herr Meyer redet sofort Klartext: »Wir brauchen Sie hier in der Filiale nicht mehr. Wie Sie wissen, haben wir jemanden für Sie eingestellt.«

»Aber das ist doch meine Filiale.« Ich kann es immer noch nicht fassen.

»Ihre Filiale? Ich kenne Sie doch gar nicht«, gibt Herr Meyer zurück.

»Ich kenne Sie auch nicht. Sie sind ja auch erst gekommen, als ich schon weg war.«

»Sie haben doch sicherlich noch Resturlaub«, sagt er beschwichtigend. »Nehmen Sie den doch erst einmal und melden sich danach wieder. Wir schauen inzwischen, wo wir Sie unterbringen können.«

Ich bin wütend und verzweifelt. Die haben mich ersetzt – einfach so. Plötzlich macht jemand anderes meine Arbeit. Was tue ich jetzt? Ich habe nicht einmal einen Vertrag als Filialleiterin. In meinem steht immer noch »Filialleiteranwärterin«, obwohl ich den Markt fast ein Jahr ordentlich geführt habe.

Einige Tage später bekomme ich einen Anruf von Herrn Körber, der ebenfalls als Verkaufsleiter bei Lidl tätig ist. »Frau Schramm, Sie waren wegen Ihrer Krankheit ja nun eine Weile weg«, sagt er. »Deshalb machen wir am besten zunächst eine Wiedereingliederung. Ich würde vorschlagen, dass Sie erst einmal in die Filiale nach H. gehen.«

Ich muss also wieder von vorne anfangen, als Stellvertreterin. Der Markt in H. wird von Markus Bluhm, einem 22-jährigen Jungspund, geleitet, der sich wie ein König vorkommt. Er kommandiert die Angestellten herum, ohne Rücksicht darauf, dass einige der Frauen seine Mutter sein könnten. Selbst mit anpacken tut er selten. Und die freien Tage legt Bluhm immer so, wie er sie gerade braucht. Die anderen werden entsprechend eingeteilt, ob es ihnen passt oder nicht. Mit mir springt der Filialleiter nicht anders um. In den ersten Tagen teilt er mich nur zu Hilfsarbeiten ein: Regale wischen, fegen, Putzmaschine fahren. Er tut so, als könnte ich weder Bestellungen noch Arbeitspläne oder Abrechnungen machen. Am dritten Tag platzt mir schließlich der Kragen. Wir haben den Laden gerade abgeschlossen. Bluhm sagt im Kommandoton: »Ich mache hinten die Abrechnung, fahren Sie die Putzmaschine.«

»Jetzt reicht's mir aber«, lege ich los. »Ich bin hier nicht zum Putzmaschinefahren da. Ich war eine Zeit lang weg, aber deshalb bin ich noch lange nicht dumm. Ich habe selbst schon eine Filiale geleitet, also brauchen Sie sich hier nicht so aufzuspielen und mich wie einen Lehrling zu behandeln. Dafür können Sie sich jemand anderen suchen.«

Bluhm reißt überrascht die Augen auf. »Ich wollte Sie nicht überfordern«, stammelt er.

»Ich bin hier, um zu sehen, was sich verändert hat. Das funktioniert nicht, wenn ich den ganzen Tag Putzmaschinen fahre.« Bestimmt füge ich hinzu: »Ich mache jetzt die Abrechnung.« Und das tue ich dann auch. Ich habe einfach keine Lust, so mit mir umspringen zu lassen.

Nach zwei Wochen kommt Verkaufsleiter Körber in die Filiale, für die er zuständig ist. Wir setzen uns in den Aufenthaltsraum. Ich beginne gleich offensiv: »Haben Sie geklärt, welche Filiale ich leiten soll?«

»Wir haben uns darüber schon Gedanken gemacht. Das gestaltet sich allerdings ein bisschen schwierig. Momentan sind wir überbesetzt.«

»Das ist aber nicht mein Problem.« Ich nehme jetzt kein Blatt mehr vor den Mund.

»Wie wäre es, wenn Sie auf 120 oder 100 Stunden im Monat heruntergehen?«

»Wie bitte?«

»Na ja, wenn Sie nicht mehr Voll-, sondern Teilzeit arbeiten. Dann könnten wir Sie sicher unterbringen.«

»Das habe ich jetzt nicht richtig gehört, oder? Sie wollen, dass ich einen Teilzeitvertrag eingehe? Und was heißt, Sie könnten mich dann ›unterbringen‹ – als was denn?«

»Es gibt halt ein Problem, weil wir in letzter Zeit recht viele Arbeitskräfte neu eingestellt haben. Jetzt fahren viele Minusstunden. Wir brauchen eigentlich gar nicht so viele Leute.«

»Entschuldigen Sie, ich habe doch einen Vertrag. Und ich kann nicht von meinen Stunden runtergehen. Ich habe ein Haus gekauft, das ich abzahlen muss. Deshalb kann ich mir das nicht erlauben, ich brauche das Geld.«

»In diesem Fall muss ich Sie in verschiedenen Filialen einsetzen – mal in Nürnberg, mal in Bamberg oder anderswo.«

Das ist eine klare Drohung. Doch ich lasse mich nicht mehr einschüchtern. Schließlich habe ich einen unterschriebenen Vertrag und lange Zeit nachweislich als Filialleiterin gearbeitet. Deshalb erkläre ich kategorisch: »Das mache ich nicht mit. Ich kann mir nicht leisten, ständig durch die Gegend zu fahren – weder finanziell noch zeitlich.«

Das Gespräch bleibt ohne Ergebnis.

Einige Wochen später kommt Herr Körber erneut auf mich zu. »Ich hätte vielleicht etwas in B. für Sie«, sagt er, nachdem wir uns an den Tisch im Aufenthaltsraum gesetzt haben. »Allerdings müssten Sie dort wahrscheinlich ebenfalls von Ihren Stunden runter. Aber das ist doch näher an Ihrem Wohnort, nicht wahr?«

»Ja, das hört sich schon gut an«, sage ich. Nach B. wäre ich nur 20 Minuten unterwegs, jetzt brauche ich deutlich länger zur Arbeit. Auch die Fahrtkosten schlagen da zu Buche. Ich stelle allerdings erneut klar: »Teilzeit arbeiten kann ich trotzdem nicht.«

»Das schauen wir dann. Da B. zu einem anderen Bezirk gehört, wird ohnehin ein anderer Verkaufsleiter, Herr Dettmann, für Sie zuständig sein.«

»Und gibt es dort keinen Filialleiter?«

»Doch, doch. Aber das ist ein Leidensgenosse von Ihnen. Der hat es auch mit dem Rücken. Dann können Sie sich ja ergänzen und zusammen die Filiale leiten.«

Ich bin also ein Krüppel und der jetzige Filialleiter ist auch einer – so sehen die das. Aber diesen Gedanken äußere ich nicht. Körber gibt mir die Telefonnummer des zuständigen Verkaufsleiters und sagt: »Am besten machen Sie möglichst bald mit Herrn Dettmann einen Termin aus.«

Wenige Tage darauf fahre ich zur entsprechenden Lidl-Filiale in B. Hier bin ich mit Herrn Dettmann verabredet. Schon am Eingang kommt Markus Lehmann auf mich zu. Er ist also der Filialleiter, der es »auch mit dem Rücken hat«. Ich kenne ihn, weil er im regionalen Zentrallager eine Weile für die Fleischbestellung zuständig war. Markus spricht mich freundlich an: »Herr Dettmann wartet schon drüben.« Er begleitet mich zum Aufenthaltsraum, wo der Verkaufsleiter am Tisch sitzt und in Papieren blättert. Der große, hagere Mann ist – wie alle Verkaufsleiter, die ich bis jetzt kennengelernt habe – Ende 20, trägt einen gepflegten Anzug mit Krawatte und setzt ein breites Lächeln auf, als ich eintrete. »Guten Tag, Frau Schramm. Schön, dass es so schnell geklappt hat.«

Ich stelle mich vor und setze mich ihm gegenüber.

»Ich bin über Ihren Werdegang in unserem Unternehmen informiert, über Ihre Tätigkeit in E. ebenso wie über Ihre Erkrankung«, beginnt Herr Dettmann. »Ich denke, dass wir Sie hier gut brauchen können. Die Filiale macht inzwischen guten Umsatz. Und wir haben viele jüngere Mitarbeiter. Die können sicher eine gute Mutti vertragen.«

Eine Mutti? Mit 38 Jahren? Dieser Typ sieht mich offenbar nicht als Frau, die in ihrem Leben etwas geleistet hat. Mir schießen vor Wut Tränen in die Augen. Ich weiß nicht, was ich sagen soll, und bleibe still.

Herr Dettmann bemerkt überhaupt nicht, welche Wirkung sein Satz bei mir hinterlassen hat. Er spricht einfach weiter: »Hier haben Sie die Chance, sich zu beweisen. Zeigen Sie, dass Sie eine Filiale leiten können.«

»Ich denke schon, dass ich eine gute Arbeitskraft bin. In E. hat der Umsatz gestimmt. Bei Inventuren haben wir immer gut abgeschnitten. Ich werde hier meine Leistung sicher genauso bringen wie vorher.«

»Ja, aber ich kenne Sie ja noch nicht. Also können Sie sich erst einmal beweisen.«

In diesem Moment wird mir klar, warum die Verkaufsleiter bei Lidl dauernd wechseln. »Sie können sich jetzt neu beweisen«, ist der Standardsatz, den man immer wieder zu hören bekommt. Und wenn man seine Fähigkeiten eine Weile gezeigt hat, wechselt der Vorgesetzte. Der nächste sagt dann wieder: »Ich kenne Sie noch nicht. Beweisen Sie sich erst einmal.« So besteht ein permanenter Anreiz und ständiger Druck, Höchstleistungen zu bringen. Das System funktioniert hervorragend.

Die ersten Wochen sind für mich eine schwere Zeit. Nicht wegen der Arbeit selbst, die Routine habe ich schnell wieder drauf. Aber die Behandlung durch meinen Vorgesetzten Dettmann macht mir zu schaffen. Nicht nur, dass er immer wieder fordert, ich solle einen Teilzeitvertrag unterschreiben. Vor allem ignoriert er mich als Filialleiterin. Ob Informationen über neue Produkte, Umsatzvorgaben oder sonstige Anweisungen – immer kommuniziert der Verkaufsleiter allein mit Markus Lehmann. Die Informationen muss ich mir stets aus zweiter Hand bei meinem Kollegen holen. Auch die Mitarbeiter merken, dass ich nicht als vollwertige Filialleitung auftreten kann. Irgendwann reicht es mir. Ich spreche den Verkaufsleiter an: »Herr Dettmann, ich muss mit Ihnen wegen meines Vertrags reden.«

»Ja, bitte?« Er setzt sein übliches Lächeln auf.

»Mein Vertrag müsste geändert werden. Darin steht nämlich immer noch ›Filialleiteranwärterin für F.‹. Aber ich habe ja schon vor meiner Krankheit als Filialleiterin gearbeitet. Entsprechend müsste auch mein Gehalt angepasst werden.«

Sein Lächeln gefriert. »Frau Schramm, Sie bekommen keinen anderen Vertrag. Wir ändern das Ganze auf B. und fertig. Sie bleiben hier Stellvertreterin.«

»Aber unter Garantie nicht. Ich mache doch nicht ein ganzes Jahr lang den Job einer Filialleiterin mit weniger Gehalt, als mir zusteht, um jetzt wieder nur Stellvertreterin zu sein.« Ich rede mich in Rage. »Und wenn der eine Verkaufsleiter mich als Filialleiterin einstellt und der nächste nichts mehr davon wissen will, dann ist das ja wohl nicht meine Schuld.

Ich bin doch nicht Ihr Pingpongball. Ich kenne meine Rechte. Wenn Sie sie mir verweigern, muss ich sie eben einklagen.«

»Dann klagen Sie«, sagt Dettmann kühl.

Das hätte ich schon längst machen sollen, denke ich. Dann hätte ich dieses Affentheater jetzt nicht. Ich bin fest entschlossen, mir nicht mehr alles gefallen zu lassen. Noch am gleichen Tag rufe ich Hilmar Müller an, den ich noch aus meiner Zeit bei KiK kenne. Der Gewerkschaftssekretär arbeitet mittlerweile für ver.di, zu der die DAG mit vier anderen Organisationen fusioniert ist. In einem langen Gespräch in seinem Büro berichte ich ihm, was mir in den vergangenen Jahren widerfahren ist. Hilmar setzt ein Schreiben an die Lidl-Geschäftsführung auf, in dem er für »unser Mitglied Frau Ulrike Schramm-de Robertis« die Beschäftigung und Bezahlung als Filialleiterin fordert.

Der Brief zeigt sofort Wirkung. Dettmann kommt im Laden auf mich zu und sagt: »Na gut, Sie bekommen Ihren Vertrag. Wir wollen die Sache ja nicht vor Gericht austragen.«

»Das ist schön.«

»Sie können eigentlich froh sein, dass Sie nach so langer Krankheit überhaupt noch bei Lidl arbeiten«, sagt Dettmann wütend.

»Wieso? Jeder Mensch wird irgendwann mal krank. Und überhaupt: Was meinen Sie, wo ich mir mein Rückenleiden geholt habe? Beim Spazierengehen sicher nicht.« Ich fühle mich gut, endlich einmal Klartext zu reden.

Dettmann beugt sich zu mir vor. Leise sagt er: »Sie sind also in der Gewerkschaft. Ich gebe Ihnen einen guten Tipp: Die Firma Lidl sieht das nicht so gern.«

Sein Gesicht ist wenige Zentimeter vor meinem. Dettmann ist einer dieser Menschen, die immer Mundgeruch haben, denen das aber nie jemand sagt. Jetzt ist es unerträglich. Übelkeit steigt in mir auf. Angewidert sage ich: »Ich habe es auch nicht gerne gesehen, dass das Unternehmen über ein Jahr lang das mir zustehende Gehalt verweigert hat.«

Ich bin zufrieden mit mir. Endlich einmal habe ich die Grenzen aufgezeigt. Aber es mischt sich ein unangenehmer Gedanke unter meinen Stolz: Nun wissen sie, dass ich in der Gewerkschaft bin. Was habe ich jetzt zu erwarten? Doch ich schiebe die aufkommende Angst weg. Viel schlimmer als zuletzt kann es kaum werden.

8

DAS EIS BRICHT

In der ersten Woche nach meiner formellen Anerkennung als Filialleiterin habe ich Nachmittagsschicht, die um 12 Uhr beginnt. In der Regel bin ich eine halbe Stunde zu früh da – um sicherzugehen, fahre ich immer sehr rechtzeitig los. So auch an diesem Tag. Ich setze mich erst einmal gemütlich hin und rauche eine Zigarette. Ich genieße diese Momente. Noch einmal durchschnaufen, bevor der Stress beginnt. Filialleiter Markus Lehmann kommt herein, wirft mir einen komischen Blick zu und sieht auf seine Armbanduhr, sagt aber nichts. Es ist 11.45 Uhr: Ob meine Uhr nicht richtig geht, frage ich mich verwundert. Sicherheitshalber stehe ich auf und mache mich an die Arbeit.

Einige Tage später betrete ich um 11.45 Uhr den Aufenthaltsraum. Markus sitzt am Tisch. Ich nehme meinen Kittel aus dem Schrank und ziehe ihn an. Schon wieder sieht mich der Filialleiter vorwurfsvoll an. Er reibt seinen schwarzen Oberlippenbart zwischen Daumen und Zeigefinger, legt die Stirn angestrengt in Falten. »Du weißt schon, dass wir heute eine große Lieferung haben«, sagt er in scharfem Ton.

»Na und?«

»Wie wollen wir das denn schaffen, wenn jeder so kommt, wie er eingeteilt ist?«

»Entschuldige Markus, dann sag halt, dass ich schon um 11 Uhr kommen soll, und trag mich auch so ein. Ich wundere mich ohnehin die ganze Zeit, warum du mich immer so kritisch anschaust.«

»Hast du noch nicht gemerkt, dass wir hier alle mehr arbeiten, als im Plan steht?«

»Das ist mir allerdings aufgefallen. Und darüber müssen wir mal reden. In E. haben wir zwar auch ab und zu Überstunden gemacht, ohne sie aufzuschreiben. Aber bei euch passiert das ja täglich.«

»Die Leute nehmen sich dann eben irgendwann einmal frei dafür.«

»Irgendwann einmal? Das fällt dann doch unter den Tisch. Das kann nach zwei Wochen kein Mensch mehr nachvollziehen. Ihr habt hier immer viel zu tun, das ändert sich doch nicht. Ich habe auch noch von anno dazumal 200 Stunden offen, die kriege ich doch in meinem Leben nicht mehr, die kann ich vergessen.«

»Aber wir schaffen es sonst nicht.«

»Markus, warum sagst du Dettmann dann nicht, dass ihr zu wenig Leute habt?«

»Der motzt doch eh schon immer wegen allem Möglichen rum. Mehr als arbeiten können wir doch nicht«, sagt Markus kraftlos.

»Du darfst halt als Filialleiter nicht zu allem Ja und Amen sagen. Dann will Dettmann doch immer mehr von euch, denn ihr macht es ja mit.«

»Ich kann auch schon nicht mehr«, sagt Markus resigniert. »Ich hatte schon einen Bandscheibenvorfall.«

»Ich weiß. Wir zwei sind hier die Krüppel, deshalb haben sie uns zusammengetan. Das hat Dettmann ziemlich deutlich gemacht.«

»Ehrlich?«

»Na klar. Warum sollte ich dich belügen? Ich soll hier sowieso nur die Mutti spielen. Das hat der Dettmann genauso gesagt.«

Doch es ist nicht nur der große Druck, der die Arbeit stressig macht. Die gesamte Atmosphäre im Laden ist belastend. In meiner alten Filiale haben wir mit den Kunden und untereinander gescherzt. Auch über private Dinge hat man sich ab und zu unterhalten. In B. nichts von alledem. Hier geht es immer sachlich und ernst zu. Die Mitarbeiter machen einen gehetzten, ängstlichen Eindruck. Raucherpausen sind verpönt, niemand nimmt seine halbstündige Mittagspause. Ich fühle mich unwohl und vermute, dass es allen anderen genauso geht. Selbst die Kunden spüren das. Sie sind hier viel grimmiger, zumindest empfinde ich das so.

Besonders angespannt ist die Stimmung, wenn Dettmann in den Laden kommt. Das geschieht etwa zweimal pro Woche. Auch wenn man den Verkaufsleiter selbst noch nicht gesehen hat, merkt man, dass er da ist. Die Kollegen laufen noch hektischer als sonst, mit hängenden Köpfen und wortlos durch den Markt. So auch an diesem Tag. Ich sitze an einer der Kassen, an der anderen arbeitet Birgit. Dettmann kommt in den Markt, und ohne ein Wort der Begrüßung fährt er sie an: »Wenn Sie hier fertig sind, machen Sie noch die Mülleimer leer.« Er wartet gar nicht erst eine Reaktion ab, dreht sich weg und geht in Richtung Aufenthaltsraum. Dabei kommt er an Markus vorbei. »Grüß Gott, Herr Lehmann. Nächste Woche Freitag ist Inventur. Bereiten Sie alles vor«, sagt er zu dem Filialleiter.

»Mache ich, Herr Dettmann«, antwortet Markus prompt. Nachdem der Verkaufsleiter gegangen ist, weist Markus alle Mitarbeiter an, am kommenden Freitag um 20 Uhr zur Inventur zu erscheinen. Das wird für mich ein langer Tag, denke ich. Da ich Spätschicht habe, werde ich wohl von Mittag bis spät in der Nacht im Laden sein.

Am Freitag beeilen wir uns mit der Abrechnung. Schon am Nachmittag haben wir die Waren, die von den Kunden durcheinandergebracht wurden, möglichst gleich wieder richtig einsortiert. Herr Dettmann teilt uns auf die Regalreihen auf, und wir beginnen zu zählen. Doch diese Inventur ist völlig anders als alle, die ich zuvor erlebt habe. Keiner spricht. Es ist so leise, dass man eine Stecknadel zu Boden fallen hören könnte. Eine ungeheure Anspannung liegt in der Luft. Kaum einer traut sich, auf Toilette zu gehen, schon gar nicht, zu rauchen. Auch ich wage es nicht, dabei hätte ich nach zehn Stunden Arbeit dringend eine Zigarettenpause nötig. Als wir fast fertig sind und Dettmann die Filiale bereits verlassen hat, frage ich Markus: »Sag mal, herrscht hier bei der Inventur immer eine solche Eiseskälte?«

»Herr Dettmann ist ausgeflippt, als sich beim letzten Mal zwei unterhalten haben. Er will, dass es absolut still ist, damit man sich konzentrieren kann.«

Das Verhältnis zu Herrn Dettmann ist für mich ein besonderes Problem. Seit ich meine formelle Anerkennung als Filialleitung mithilfe der Gewerkschaft durchgesetzt habe, werde ich von dem Verkaufsleiter völlig geschnitten. Obwohl auch ich eigentlich seine Ansprechperson bin, redet er nie mit mir direkt. Alles läuft über Markus. Wenn dieser nicht da ist, spricht Dettmann mit Andrea, der stellvertretenden Filialleiterin – nicht mit mir. Ich werde zu keiner Filialleitersitzung eingeladen. An sämtliche Informationen komme ich nur über meine Kollegen. Nach einem dieser Vorfälle fasse ich mir ein Herz und spreche den Verkaufsleiter an: »Herr Dettmann, warum meiden Sie mich? Wie soll ich denn die Filiale leiten, wenn Sie mir die notwendigen Informationen vorenthalten?«

»Sie müssen sich eben erst einmal beweisen«, fertigt er mich mit dem üblichen Spruch ab.

»Aber ich habe doch auch früher schon eine Filiale geleitet.«

»Frau Schramm, wem ich welche Informationen gebe,

müssen Sie schon mir überlassen. Wenn es Ihnen nicht passt, können Sie ja gehen.« Er macht auf dem Absatz kehrt und lässt mich stehen.

Einige Tage später haben wir eine Besprechung, alle Kollegen sind da. Dettmann erläutert die Planung für die kommenden Wochen. Zum Schluss sagt er: »Vergessen Sie nicht, Ihren Jahresurlaub rechtzeitig zu beantragen. Wenn Sie dazu oder zu anderen Themen Fragen haben, dann wenden Sie sich bitte an Herrn Lehmann.« Nach einer Kunstpause fügt er hinzu: »Und nicht an Frau Schramm-de Robertis.« Die Kollegen schauen sich verdutzt an, keiner sagt etwas. Ich koche vor Wut. So nehmen mich die Mitarbeiter nie für voll. Und genau das bezweckt Dettmann. Er will, dass ich das Handtuch werfe. Aber da hat er sich verrechnet!

Nachdem der Verkaufsleiter und die anderen Beschäftigten gegangen sind, sagt Markus: »Das war jetzt aber schon heftig.«

»Du musst mal hören, was er sagt, wenn keiner dabei ist.«

Am nächsten Tag kommt Markus auf mich zu. Er ist sichtlich aufgebracht. »Wieso bestellst du denn so viel Butter? Das wird doch alles schlecht.«

»Wieso? Ich habe doch ganz normal bestellt.«

»Herr Dettmann hat gesagt, du hättest 20 Kartons bestellt. Er habe das gemerkt und die Ware umgeleitet.«

»Was? Ich habe doch nur vier bestellt. So wie immer.«

Wir schauen uns verwundert an. »Lass uns in den Unterlagen nachschauen«, schlage ich vor. Es stellt sich heraus, dass ich tatsächlich vier Kartons Butter bestellt habe.

»Was erzählt Dettmann denn da?« Markus ist verwirrt und entrüstet.

»Vielleicht will der uns gegeneinander aufhetzen«, vermute ich. Dann erinnere ich mich an das, was der Verkaufsleiter mir vor einigen Tagen erzählt hat – eines der seltenen Male, die er überhaupt mit mir gesprochen hat. »Dettmann hat mir übrigens gesagt, dass du mich an der Kasse testest.«

»Was? Wieso das denn?«

»Na, ob ich klaue. Dettmann hat das behauptet.«

»Das ist doch völliger Unsinn. Das habe ich nie gemacht«, sagt Markus fassungslos.

Wir beschließen, von nun an offener miteinander umzugehen. Wenn Dettmann uns etwas erzählt, wollen wir den anderen immer sofort darauf ansprechen.

Bald darauf werden Markus' Rückenschmerzen wieder stärker. »Ich bin krankgeschrieben, für mindestens drei Wochen«, berichtet er mir am Telefon. Ich wünsche ihm gute Besserung. Mein erster Gedanke, nachdem ich aufgelegt habe: Wie wird Dettmann sich verhalten? Jetzt muss er ja mit mir zusammenarbeiten. Gespannt warte ich auf den nächsten Filialbesuch des Verkaufsleiters. Der lässt nicht lange auf sich warten. Am nächsten Morgen stehe ich am Regal und mache die Bestellung. Ich schaue mir an, wie viel von welchem Produkt noch da ist, und folgere daraus, was ich bestellen muss. Das gebe ich in einen kleinen Handcomputer ein. Der Verkaufsleiter betritt die Filiale, er kommt auf mich zu und sagt: »Guten Morgen, Frau Schramm.«

»Guten Morgen, Herr Dettmann«, antworte ich. Es ist ja schon mal ein Fortschritt, dass er mich wenigstens grüßt, denke ich.

Doch Dettmann bleibt nicht stehen, sondern geht schnurstracks an mir vorbei zu Andrea Gärtner, die an der Obst- und Gemüsetheke für Ordnung sorgt. Kurz darauf kommt meine Stellvertreterin zu mir. Es ist ihr sichtlich unangenehm. Sie sagt: »Du, Uli, Dettmann hat gesagt, dass ich die Bestellung machen soll. Ich weiß auch nicht, warum.«

»Okay«, sage ich verwundert und reiche ihr den Handcomputer. Dann gehe ich ins Büro, wo der Verkaufsleiter sitzt.

»Herr Dettmann, Sie wollen mich sprechen?«

»Das habe ich nicht gesagt, wieso?«

»Na, weil Sie Frau Gärtner gesagt haben, sie solle die Bestellung weitermachen. Deshalb gehe ich davon aus, dass Sie sich mit mir unterhalten wollen.«

»Nein, wer sagt denn das?«

»Also, wollen Sie jetzt was von mir oder nicht? Sonst gehe ich wieder raus.«

»Nein, nein. Machen Sie ruhig Ihre Arbeit.«

»Gut«, sage ich und verlasse das Büro.

Wieder am Regal sage ich zu Andrea: »Will der uns verarschen? Der will gar nichts von mir.«

»Dann mach du bitte weiter«, meint Andrea sofort und drückt mir das Gerät in die Hand. Sie macht nur selten die Bestellung und tut sich schwer damit. Man kann sich bei den Mengen leicht verschätzen. Ich nehme das Gerät und setze die Arbeit fort. Andrea geht zurück zur Obsttheke.

Etwa zehn Minuten später – ich bin mittlerweile an der übernächsten Regalreihe angelangt – kommt Herr Dettmann zu mir und fragt: »Sie bestellen?«

»Ja.«

»Ich habe doch Frau Gärtner angewiesen, dass sie bestellen soll. Und nicht Sie.«

»Und aus welchem Grund?«

»Weil Sie sich hier noch nicht auskennen. Nur weil Herr Lehmann ein paar Tage krank ist, brauchen Sie nicht zu glauben, dass Sie jetzt hier die Bestellungen machen.«

Ich schlucke. Nach einem kurzen Moment habe ich mich gefangen. »Wissen Sie was, Herr Dettmann? Machen Sie doch einfach die Bestellung selbst«, sage ich, drücke ihm das Gerät in die Hand und drehe mich um. Sofort schießen mir die Tränen in die Augen. Damit das keiner sieht, gehe ich ins Lager und presse Kartonagen. So eine Demütigung! Mir zu sagen, ich sei unfähig, eine Bestellung zu machen – das ist für mich schlimmer als ein Schlag ins Gesicht. Ich fühle mich wütend, hilflos, verzweifelt. Die Tränen laufen mir über die Wangen, während ich trotzig Kartons in die Presse werfe.

Irgendwie überstehe ich den Tag. Dettmann begegne ich nicht mehr. Zu Hause rufe ich sofort meine Freundin Annika an und erzähle ihr alles. »Ich weiß nicht, wie lange ich das noch aushalte. Was soll ich denn jetzt machen?«, frage ich, nachdem ich mich ein bisschen beruhigt habe.

»Der will dich fertigmachen, das ist klar. Die haben den auf dich angesetzt, um dich loszuwerden, weil du so unverschämt warst und dein Recht eingefordert hast. Bei KiK sind wir doch auch auf die Schnauze gefallen. Warum sollte das jetzt anders sein? Warum sollen wir auch einmal in unserem Leben Glück haben?«, lamentiert Annika und bringt mich damit zum Lachen.

»Aber was soll ich machen?«, frage ich.

»Ich weiß es nicht. So wie es im Moment ist, hältst du es jedenfalls nicht lange aus.«

»Wenn wenigstens Markus zu mir stehen würde«, sage ich. »Ich glaube, der hat hier auch schon einiges mitgemacht, der müsste eigentlich auf meiner Seite stehen. Stattdessen schaut er sich das Ganze an und tut nichts dagegen. Ich verstehe das einfach nicht.«

»Rede doch einfach mal mit ihm«, schlägt Annika vor. »Mehr als in die Hose gehen kann es doch nicht.«

»Stimmt eigentlich.«

Wir reden noch über eine Stunde. Ich erzähle Annika von einem Gedanken, der mich schon länger beschäftigt: »Ich habe gehört, dass bei Lidl in F. ein Betriebsrat gewählt wurde. Vielleicht sollte ich das auch bei uns versuchen. Wie man das macht – und wie man es besser nicht macht –, weiß ich ja noch von KiK.«

»Letztlich ist das der einzige Weg, wie man Leuten wie Dettmann Einhalt gebieten kann«, bestärkt mich Annika, warnt aber zugleich: »Du weißt, was dir passieren kann.«

»Klar. Aber wenn die Leute dahinterstehen, könnte es klappen. Aber dafür brauche ich Markus. Er ist schon lange da, ihm vertrauen die Kollegen.«

»Deshalb musst du unbedingt versuchen, dich mit ihm zu verständigen«, meint Annika.

Sofort nachdem wir aufgelegt haben, setze ich die Idee in die Tat um. Ich rufe Markus zu Hause an und berichte ihm ausführlich, was im Laden vorgefallen ist. »Das ist für mich schon Mobbing, was Dettmann da betreibt«, schließe ich. »Was denkst du darüber?«

»Also wenn das alles stimmt, ist das wirklich schlimm«, sagt Markus, klingt dabei allerdings immer noch reserviert.

»Wir haben ja auch kein besonders gutes Verhältnis zueinander.« Ich gehe aufs Ganze und äußere meine schon länger gehegte Vermutung: »Glaubst du, dass ich dir deinen Posten streitig machen will?«

»Ich weiß nicht, was ich denken soll. Man hört ja so einiges. Schau, ich habe schon einen Bandscheibenvorfall gehabt, ich muss auch sehen, wo ich bleibe.«

»Aber Markus, wir ergänzen uns doch super als Filialleiter. Was ich nicht weiß, weißt du, und was du nicht kannst, kann ich. Da kann doch keiner dem anderen was wegnehmen. Ich dir nicht und du mir ohnehin nicht. Mich nimmt im Moment ja sowieso niemand für voll.«

Doch Markus hält sich immer noch bedeckt: »Ich kann dazu jetzt auch nichts sagen. Ich weiß schließlich nicht, wie es tatsächlich gewesen ist. Lass uns noch mal in Ruhe darüber reden, wenn ich wieder gesund bin.« Ich bin enttäuscht.

Am nächsten Tag in der Filiale versuche ich, mir nicht anmerken zu lassen, wie deprimiert ich bin. Ich lenke mich mit Arbeit ab. Hektisch räume ich die Waren ins Regal. Es tut mir gut, mich zu verausgaben. Dann gehe ich zu den Kassen, wo Birgit und Kirsten sitzen. An beiden Kassen stehen zwei, drei Kunden. »Gehst du bitte in die Pause«, sage ich zu Kirsten. In E. habe ich gelernt, dass die Kassiererinnen ihre Pausen nehmen sollten, wenn nicht so viel los ist. Darauf muss ich als Filialleiterin achten.

Doch Kirsten sagt schnell: »Nein, nein. Das machen wir immer unter uns aus.«

Ich bin verdutzt. »Na ja, wenn ihr das so macht, bitte.«

»Der Markus kümmert sich auch nie darum.«

»Dann macht es so, wie ihr es gewohnt seid.« Ich fühle mich überflüssig und unfähig.

Wenige Stunden später sitze ich im Büro und mache den Arbeitsplan. Gerade als ich fertig bin, kommen Birgit und Kirsten herein. Beide rechnen ihre Kassen ab. Während ich das Geld wegschließe, sage ich: »Auf dem Tisch liegt der Arbeitsplan für die nächste Woche.«

Birgit nimmt das Blatt in die Hand. »So arbeite ich nicht«, sagt sie aggressiv.

»Wie bitte?«

»Markus weiß, dass ich dienstags immer mein Kind wegbringen muss. Da kann ich nicht.«

»Woher soll ich das denn wissen?«

»Aber der Markus weiß es.« Dass ich keine Ahnung habe, soll das heißen.

»Na gut, dann ändern wir das«, sage ich in beherrschtem Ton. Ich nehme Birgit das Papier aus der Hand und frage: »Kannst du denn mittwochs?« Sie nickt und ich trage die Änderung ein.

Auch bei anderen Gelegenheiten zeigen mir einige der Verkäuferinnen, was sie von mir halten. Gerade sind die Waren angeliefert worden, die Paletten stehen dicht gedrängt im Lager. Außer mir sind noch Kirsten und Beate im Raum. Während ich eine mit Obst beladene Palette ziehe, höre ich, wie Kirsten sagt: »Da ist ja wieder viel zu viel Zeug gekommen. Die ist ja zu blöd zum Bestellen. So wie es Dettmann gesagt hat.«

Enttäuschung steigt in mir auf. Warum sind alle gegen mich? Ich tue so, als hätte ich nichts gehört, und verlasse den Lagerraum.

Am frühen Nachmittag werden wir wie immer angerufen wegen der Obst- und Gemüsebestellung für den nächsten Tag. Ich bin alles durchgegangen und habe in dem entsprechenden Formular eingetragen, wie viel wir von welchem Produkt brauchen. Beate, die zweite stellvertretende Filialleiterin, und ich sind im Büro. Sie schaut sich das auf dem Tisch liegende Bestellformular an und sagt: »Zwölf Kisten Salat! Das ist doch viel zu viel.«

»Was meinst du denn, wie viele wir brauchen?«, frage ich.

»Allerhöchstens acht Kisten.«

Das kommt mir sehr wenig vor. Aber da Beate ein halbes Jahr länger in der Filiale ist als ich, wird sie sich wohl besser auskennen. Und ich will schließlich dazulernen. »Also gut«, sage ich, »dann nehmen wir acht«.

Am nächsten Tag ist schon um 17 Uhr kein Salat mehr da. Habe ich also gar nicht danebengelegen, denke ich. Morgen muss ich mehr bestellen.

Am folgenden Nachmittag beäugt Beate erneut kritisch meine Bestellliste. »Also, das sind eindeutig zu viele Tomaten. Und von den Bananen müssen wir auch weniger bestellen.«

Dieses Mal reagiere ich anders. Bestimmt sage ich: »Nein, wir lassen das so. Ich bin hier die Chefin, und ich muss auch meinen Kopf dafür hinhalten, wenn etwas nicht passt. Also entscheide ich das.«

Beate wirkt ein wenig beleidigt, sagt aber nichts.

Ich muss mich hier durchsetzen, während Markus weg ist, denke ich. Wenn es jetzt nichts wird, dann werde ich das nicht mehr schaffen. Ich nehme mir vor, von nun an die Dinge so zu machen, wie ich sie für richtig halte.

Am Samstag, kurz vor Feierabend, bereite ich die Werbungsware vor. Das sind wöchentlich wechselnde Non-food-Produkte, die ab Montagfrüh in einer speziellen Regalreihe stehen müssen. »Du gehst an die Kasse. Und du schaffst hinten im Lager Ordnung«, teile ich zwei Kolleginnen ein.

Andrea kommt hinzu und fragt: »Ich bin hinten fertig. Was soll ich noch machen?«

»Nimm dir doch bitte gleich mal eine Putzmaschine und kehre unter den leeren Tischen da drüben. Schieb einfach alles zur Seite.« Die übrig gebliebene Werbungsware von dieser Woche haben wir schon zusammengepackt. Unter den Ablagen muss natürlich auch sauber gemacht werden.

Doch Andrea sagt: »Nein, das mache ich nicht. Das machen wir immer erst Montagfrüh.«

Ich brauche einen kurzen Moment, um mich zu fangen. Dann sage ich bestimmt: »Weißt du was, Andrea? Es ist mir egal, wie ihr das sonst immer macht. Ich möchte, dass das so getan wird, und dann machst du das auch so.«

»Und was ist, wenn ich es nicht mache?«

Das ist mein wunder Punkt. Wenn sie sich widersetzt, bei wem soll ich mich beschweren? Bei Dettmann? In sehr ernstem Ton sage ich: »Dann wäre ich sehr enttäuscht von dir, Andrea. Wir wollen hier doch gut miteinander auskommen. Oder habe ich dir irgendwas getan?«

»Nein, aber du kannst nicht hierherkommen und alles umschmeißen.«

»Ich habe überhaupt nichts umgeschmissen. Ich habe nur gesagt, du sollst bitte unter den Tischen sauber machen.«

Jetzt streicht Andrea ihre dunklen Haare aus dem Gesicht und sagt leise: »Na, vielleicht war es blöd von mir, das zu sagen.«

»Ich habe es doch schon schwer genug mit Dettmann. Müsst ihr mir da auch noch in den Rücken fallen?«

»Das war Mist. Tut mir leid.«

»Komm, Andrea, ich kehre und du wischst – und dann ist es gut, oder?«

Das Eis ist gebrochen. Andrea ist bei den Kolleginnen sehr beliebt. Offenbar hat sie mit den anderen geredet, die mir von nun an ebenfalls freundlicher begegnen. Nach und nach wird die Stimmung in der Filiale gelöster. Wir lachen oft und albern mit den Kunden. Die Veränderung registriert auch Markus, als er nach seiner Krankheit zurückkehrt. Wenn eine Kollegin eine Frage hat, kommt sie jetzt auch mal auf mich zu. Wir sitzen nun öfters zusammen im Aufenthaltsraum, rauchen und tratschen miteinander. Mir tut das gut. Wenn ich mich mit meinen Kollegen verstehe, dann sind Konflikte mit den Vorgesetzten viel leichter zu ertragen.

Mobbing

In der Bundesrepublik Deutschland erleben rund 1,5 Millionen Menschen jeden Tag Psychoterror am Arbeitsplatz. Mit zunehmendem Leistungsdruck und verschärfter Konkurrenz verstärkt sich auch das Problem des Mobbings. Eine einheitliche Definition gibt es für diesen schillernden Begriff nicht. Eine häufig benutzte Beschreibung besagt, dass Mobbing eine konfliktbelastete Situation am Arbeitsplatz ist, bei der der oder die Betroffene unterlegen ist und »von einer oder mehreren Personen systematisch und während längerer Zeit direkt oder indirekt angegriffen wird. Ziel oder Effekt der Angriffe ist die Ausgrenzung der betroffenen Person«. Mobbing findet also am Arbeitsplatz statt. Anders als bei Freizeitaktivitäten sucht man sich seine Kollegen und Vorgesetzten nicht aus und kann die betriebliche »Zwangsgemeinschaft« nicht so einfach verlassen. Klar ist, dass es sich nicht bei jedem Konflikt am Arbeitsplatz um Mobbing handelt, sondern nur dann, wenn die »konfliktbelastete Kommunikation systematisch und während längerer Zeit andauert«.

Die Folgen von Mobbing sind dramatisch. »Physische, psychische und psychosomatische Gesundheitsstörungen wie Stress, Depressionszustände, mangelnde Selbstachtung, Selbstanschuldigungen, Phobien, Schlafstörungen, Verdauungsstörungen oder Muskel- und Skeletterkrankungen sind allgemein nachgewiesen«, so die Europäische Agentur für Sicherheit und Gesundheitsschutz am Arbeitsplatz. In manchen Fällen kommt es gar zu lang anhaltenden »posttraumatischen Stresserkrankungen«, bei denen sich ähnliche Symptome zeigen wie bei Opfern von Katastrophen oder Überfällen. Fortgeschrittene Mobbinghandlungen enden fast immer mit dem Ausschluss des Betroffenen vom Arbeitsleben: Entweder er kündigt selbst, wird entlassen oder dauerhaft krankgeschrieben und schließlich erwerbsunfähig.

Die gesellschaftlichen Kosten von Mobbing in Form von Heilbehandlungen, Rehabilitationskuren, Dauerarbeitslosigkeit und Frühverrentung sind kaum zu beziffern. Aber auch die Betriebe werden durch Fehlzeiten, größere Fluktuation und geringere Leistungsfähigkeit belastet. Als Ursachen gelten unter anderem Mängel in der Arbeitsorganisation wie fehlendes Personal, hoher Zeitdruck und starre Hierarchien sowie falsches Führungsverhalten von Vorgesetzten. In vielen Fällen geht Mobbing gar von Vorgesetzten aus. Teilweise wird es gezielt eingesetzt, um »aufmüpfige« Mitarbeiter loszuwerden und die Belegschaft einzuschüchtern.

Im Arbeitsschutzgesetz findet sich zwar die Verpflichtung des Arbeitgebers, Maßnahmen zur Verbesserung der Sicherheit und des Gesundheitsschutzes zu treffen – wozu auch Prävention gegen Mobbing gehört. An der praktischen Umsetzung dieser Vorschrift hapert es allerdings oftmals. Zudem sind Mobbing-Handlungen meist schwer zu beweisen. Generell gilt: Dort, wo Betriebsräte bestehen, die sich des Problems bewusst sind, können diese Einfluss auf Arbeitsbedingungen und Maßnahmen zur Prävention nehmen.

(Quellen: Deutscher Gewerkschaftsbund: www.dgb.de/themen/ mobbing, Europäische Agentur für Sicherheit und Gesundheitsschutz am Arbeitsplatz: Facts 23, ISSN: 1681–2107)

Literaturtipp:
Axel Esser/Martin Wolmerath: Mobbing. Der Ratgeber für Betroffene und ihre Interessenvertretung, Frankfurt am Main, 7. aktualisierte Auflage, 2008

9

EIN GRUNDRECHT

Für eine ausführliche Aussprache mit Markus fehlt zunächst die Zeit: Er arbeitet früh, ich spät, mittags machen wir die Übergabe. Nach einigen Tagen fragt er mich bei dieser Gelegenheit: »Wie geht's dir eigentlich? Wie war es noch mit Dettmann?«

»Ach, mit dem hab ich nichts mehr am Hut. Wir reden sachlich und das war's.« Doch Small Talk mit Markus reicht mir nicht mehr. Ich will, dass er Klartext redet. Deshalb füge ich hinzu: »Mittlerweile habe ich wohl bewiesen, dass ich meinen Job mache. Das haben auch die anderen Kollegen gemerkt. Und jetzt wäre es sehr schön, wenn du nicht alles glauben würdest, was dir erzählt wird – zum Beispiel von einem Herrn Dettmann.«

»Wir können uns ja mal zusammensetzen«, meint Markus.

»Ja, das sollten wir machen«, sage ich bestimmt.

»Ich muss in die Stadt zur Krankengymnastik. Danach könnte ich dich zum Ladenschluss abholen, und wir gehen irgendwohin, wo wir uns in Ruhe unterhalten können.«

Um 20 Uhr ist Markus da. Ich bin mit der Abrechnung fertig und schließe den Laden. Wir gehen um die Ecke in ein Lokal.

»Ich finde es eine Schweinerei, wie Dettmann mit dir umgeht«, sagt Markus. »Aber ich habe in den zehn Jahren, in denen ich bei Lidl bin, auch schon einiges erlebt.«

»Erzähl doch mal«, ermutige ich ihn.

»Also ganz krass war es, als ich meinen Bandscheibenvorfall hatte. Da ist der Verkaufsleiter drei Tage nach meiner OP ins Krankenhaus gekommen und hat mir nahegelegt, eine Umschulung in Erwägung zu ziehen. Der meinte, ich könne mit dieser Erkrankung ja sowieso nicht mehr leistungsgerecht bei Lidl arbeiten.«

»Und was hast du gemacht?«

»Ich habe mich darauf natürlich nicht eingelassen. Nach der Genesung beantragte ich eine Wiedereingliederung. Die wurde mir von der Firma erst sogar verweigert. Nachdem ich die Arbeit schließlich wieder voll aufnehmen konnte, waren Stress, Demütigungen und Schikanen durch meine Vorgesetzten an der Tagesordnung. Als ich nicht mehr konnte, blieb mir nur übrig, mich beim Geschäftsführer zu beschweren. Daraufhin wurde mir erklärt, ich sei ab sofort kein Filialleiter mehr und werde in die Zentrale der Lidl-Gesellschaft in E. zur Fleischdisposition versetzt. Da musste ich jeden Tag hundert Kilometer fahren und habe auch noch weniger Geld bekommen. Erst als sie dringend einen Leiter für die neue Filiale in B. brauchten, haben sie mich hierhin versetzt.«

Wir unterhalten uns auch über den Arbeitsdruck. »Es kann doch nicht sein, dass die Leute hier jeden Tag Überstunden machen und keinen Cent dafür sehen«, sage ich.

»Das war früher noch viel schlimmer. Es war zum Beispiel normal, dass wir sonntags reingekommen sind, um die Filiale zu putzen. Das haben wir in der normalen Arbeitszeit mit den paar Leuten gar nicht geschafft. Einmal musste eine Kollegin sogar direkt nach der Beerdigung ihres Vaters reinkommen, weil sie keinen für die Abrechnung hatten. Sie haben ihr mit Kündigung gedroht, falls sie es nicht gemacht hätte.«

»Das ist ja unmenschlich«, empöre ich mich.

»Unmenschlich sind noch ganz andere Geschichten.« Markus kommt jetzt richtig ins Erzählen. »Zum Beispiel haben sie eine türkische Kollegin bei uns mal des Diebstahls bezichtigt. Der Verkaufsleiter hat sich mit ihr im Büro eingeschlossen. Du weißt, dass man die Tür nur von innen aufmachen kann, es konnte ihr also keiner helfen. Sie durfte weder die Polizei noch ihren Mann anrufen. Sie musste sogar ihre Schuhe ausziehen, um zu beweisen, dass sie nichts eingesteckt hat. Später erstattete sie Anzeige.«

Wir haben nicht mehr viel Zeit zum Reden. Markus hat Frühschicht und will deshalb bald nach Hause. Ich sage: »Dich haben sie doch jetzt auch auf dem Kieker. Du warst wieder drei Wochen krank. Kann gut sein, dass sie dich beim nächsten Mal kündigen.«

»Das ist mir klar«, meint Markus nachdenklich.

»Und mich wollen sie sowieso loswerden – spätestens seit sie wissen, dass ich in der Gewerkschaft bin.«

Es entsteht eine kurze Pause. Dann sagt Markus: »Ich bin auch in der Gewerkschaft, schon seit ich bei der Maschinenbaufirma Kugelfischer gearbeitet habe, vor vielen Jahren.«

»Was, echt? Warum hast du das nie gesagt? Da sieht man mal, wie wenig Vertrauen wir zueinander haben.«

»Das erzählt man bei Lidl ja auch lieber nicht rum.«

Da wir endlich offen reden, spreche ich noch einmal an, was uns trennt: »Eins will ich noch mal klarstellen, Markus: Ich habe nicht vor, dir deinen Posten streitig zu machen. Lass dir das bitte nicht einreden.«

»Dettmann erzählt halt immer wieder solche Sachen.«

»Glaubst du ihm tatsächlich mehr als mir?«

Nach kurzem Zögern sagt Markus: »Nein. Ich habe mich ohnehin schon gefragt, warum der zu mir auf einmal so persönlich wird und so viel über dich redet.«

»Die wollen, dass ich aufhöre. Und dich werden sie danach sowieso los. Das ist meine ehrliche Meinung. Deshalb müssen wir zusammenhalten.«

Ich belasse es zunächst einmal bei diesem allgemeinen Appell. Meine Idee zur Gründung eines Betriebsrats äußere ich noch nicht. Nach dem Gespräch bin ich erleichtert. Ich weiß jetzt, dass ich akzeptiert werde – da kann Dettmann machen, was er will.

Doch in den folgenden Wochen reißen die alten Zustände erneut ein. Markus lässt mich immer wieder spüren, dass er der Filialleiter ist – als hätte unser Gespräch nie stattgefunden. Stets lässt er mich putzen oder an der Kasse sitzen, während er die Abrechnung oder Bestellung macht. Nur wenn Markus nicht da ist, übernehme ich diese Aufgaben. Ich darf mich nicht länger so behandeln lassen, nehme ich mir vor. Sonst verlieren die anderen Mitarbeiter wieder den Respekt. In einem ruhigen Moment spreche ich Markus an: »Lass uns noch einmal reden.« Wir gehen zusammen ins Büro und schließen die Tür hinter uns.

»Warum behandelst du mich schon wieder wie eine Hilfskraft?«, frage ich und merke, wie aggressiv das klingt.

»Dettmann sagt, dass du hintenrum Geschichten über mich erzählst.«

»Was für Geschichten?«

»Zum Beispiel hat er gesagt, du hättest letzte Woche bei den Molkereiprodukten zu viel bestellt und nachher behauptet, ich sei es gewesen.«

»Das habe ich nicht getan. Erstens spreche ich mit Dettmann so gut wie nicht. Zweitens gebe ich zu, wenn ich einen Fehler mache. Und drittens kann man doch nachprüfen, wann ich etwas bestellt habe. Ich mache die Bestellung immer, wenn du nicht da bist. Um das zu belegen, reicht ein Blick in den Arbeitsplan. Wie soll ich mich da also rausreden und meine Fehler auf dich abschieben – das geht doch gar nicht. Überleg doch mal, Markus.«

Markus legt die Stirn in Falten. Es dauert eine geschlagene Minute, bis er sagt: »Das stimmt eigentlich. Ich weiß auch nicht mehr, was ich glauben soll.«

Ich entschließe mich, Klartext mit ihm zu reden. Wenn Markus nicht mitmacht, kann ich meine Idee sowieso begraben. »Ich weiß immer noch nicht, ob ich dir wirklich vertrauen kann«, fange ich an, »aber was ich dir jetzt erzähle, wird es zeigen: Ich denke darüber schon nach, seit ich hier in der Filiale bin. Ich finde, wir sollten einen Betriebsrat gründen.« Jetzt ist es raus. Nach einer kurzen Pause spreche ich weiter: »Denn du bist unzufrieden und wirst schon seit Jahren schlecht behandelt. Die Mädels da draußen sind unzufrieden, werden angeschrien, müssen Stunden um Stunden arbeiten, ohne dafür bezahlt zu werden. Und Dettmann führt sich auf wie der König und kann in der Zentrale mit tollen Ergebnissen prahlen – kein Wunder, wenn wir hier ständig buckeln und auch noch umsonst arbeiten.«

Markus zögert. »Was ist, wenn sie uns rausschmeißen?«, fragt er.

»Überleg doch mal: Wie lange bist du überhaupt noch da? Du weißt doch nie, wann dein letzter Tag ist. Du hast mir doch selbst die ganzen Storys erzählt, wie sie Leute loswerden, die krank sind. Und die Gründung eines Betriebsrats ist der einzige Weg, wie wir uns schützen können. Ich bin mir sicher, dass viele von den anderen auch so denken wie ich – du hoffentlich auch.«

Ich lasse meine Worte einen Moment wirken. Dann spreche ich weiter: »Hast du gemerkt, dass sich das Arbeitsklima in letzter Zeit verbessert hat? Wir lachen jetzt mal im Laden, haben Spaß bei der Arbeit. Das ist doch toll, oder?«

Markus nickt. Ich fahre fort: »Aber immer wenn Dettmann reinkommt, ist es vorbei. Es kann doch nicht sein, dass wir uns alle wie seine Sklaven verhalten. Wenn Dettmann sagt, wir sollen ihm die Schuhe putzen, dann machen wir das auch noch – weil wir Angst haben, dass er uns kündigt. Warum lässt du dich sonst von ihm so unterbuttern und arbeitest 12, 13 Stunden am Tag?«

»Du hast ja recht.«

»Na also. Was denkst du über meine Idee?«

Markus kratzt sich nervös am Kinn und sagt: »Meinst du denn, wir kriegen die Mädels dazu, mitzumachen?«

»Das finden wir ganz einfach heraus, Markus: Wir gehen hin und fragen sie. Aber klar ist, dass sie zu dir mehr Vertrauen haben als zu mir. Ich brauche dich dafür.«

Markus legt die Stirn in Falten und sagt nichts. Ich schweige auch. Wenn er jetzt nicht mitmacht, dann weiß ich auch nicht weiter. Die Gesprächspause kommt mir vor wie eine Ewigkeit.

»Na gut, wir können uns in den nächsten Tagen ja mal umhören«, sagt Markus endlich. Mir fällt ein Stein vom Herzen. »Aber wir müssen vorsichtig sein«, fügt er hinzu. Dann sucht er in seiner Brieftasche und findet eine Visitenkarte. »Den hier von der Gewerkschaft habe ich mal kennengelernt«, sagt er und reicht mir die Karte.

Ich muss lachen. »Hilmar Müller? Den kenne ich auch, schon länger. Komm, wir rufen ihn gleich an.«

»Was ist, wenn wir abgehört werden?«

»Du musst ja das B-Wort nicht sagen«, empfehle ich.

Vom Handy aus ruft Markus den Gewerkschafter an. »Hier ist Markus Lehmann von Lidl. Wir möchten hier was anfangen. Die Uli ist auch dabei.« Müller weiß offenbar sofort, worum es geht. Sie verabreden sich für den Abend zu einem längeren Telefonat. Auch ich spreche in den folgenden Tagen immer wieder mit dem Gewerkschafter, um seinen Rat einzuholen.

In der Filiale versuchen wir in vielen Gesprächen vorsichtig herauszufinden, ob die Kolleginnen eine Wahl mittragen würden. Die Idee der Betriebsratsgründung selbst erwähnen wir noch nicht.

Meinen ersten Versuch starte ich bei Birgit. Bei ihr bin ich mir sehr unsicher. Wir sind gerade im »Gummibärchengang« und packen Süßigkeiten in die Regale. »Sag mal, Birgit«, beginne ich. »Ich habe gemerkt, dass du doch des Öfteren nachmittags arbeiten musst. Wie machst du das denn mit deinem Sohn?«

»Das ist echt schwierig. Ich muss immer jemanden organisieren, der sich um ihn kümmert. Aber das geht ja wohl nicht anders.«

»Wenn wir mehr Leute hätten, ginge das schon anders. Mir ist auch aufgefallen, dass du fast jeden Samstag arbeitest. Das musst du eigentlich nicht.«

»Freilich muss ich das.«

»Wer sagt das denn?«

»Das war schon immer so.« Diesen Satz habe ich nun auch schon oft gehört.

»Ich habe mich mit Markus unterhalten, und wir wollen das ändern«, sage ich. »Das betrifft auch die Urlaubssperren in der Weihnachtszeit, die gibt es offiziell nämlich gar nicht.«

»Nein?«

»Nein. Auch dass ihr ständig unbezahlt mehr arbeitet, ist nicht legal. Bei meinen Leuten in E. habe ich deshalb immer dafür gesorgt, dass sie Freizeitausgleich bekommen haben.«

»Echt?«

»Na klar. Du wohnst doch da in der Nähe, kannst ja mal vorbeigehen und fragen.«

»Nein, nein. Das glaube ich schon.«

»Aber hier lassen wir uns alles gefallen.«

»Das stimmt schon«, sagt Birgit nachdenklich.

Nach dem Gespräch schreibe ich auf einem kleinen Spickzettel Birgits Reaktion nieder. Ich bin mir nicht sicher, ob sie mitziehen wird.

Noch am gleichen Tag rede ich mit Maria, die schon lange bei Lidl arbeitet. Sie reagiert deutlich entschiedener auf meine Ansprache: »Es ist eine Schweinerei, was hier läuft. Aber ich will den Chef nicht hängen lassen.« Sie meint Markus, der tatsächlich noch länger arbeitet als alle anderen. »Der schreibt seine Stunden nicht auf, also mache ich das auch nicht. Aber das stinkt mir gewaltig – schon lange.«

Auf meinem Zettel notiere ich: Maria, wütend über Urlaubssperre und Überstunden. Macht bestimmt mit.

So spreche ich eine Kollegin nach der anderen an. Markus macht es genauso. Zwischendurch diskutieren wir unsere Eindrücke. Wir schreiben auf, welche Probleme den Kolleginnen am meisten auf dem Herzen liegen. Schließlich müssen wir gegenüber der Geschäftsleitung begründen können, warum wir einen Betriebsrat wählen wollen. Aus den Gesprächen ergibt sich ein klares Bild: Die große Mehrheit der Belegschaft ist unzufrieden und nach unserer Einschätzung für die Betriebsratswahl zu gewinnen. Am meisten Kritik gibt es an den regelmäßigen Überstunden, dem großen Stress und dem unfreundlichen Umgang des Verkaufsleiters mit den Mitarbeitern. Hilmar ist uns eine große Hilfe. Er gibt uns Sicherheit und viele Tipps. Als nächsten Schritt planen wir eine Versammlung außerhalb der Arbeitszeit, bei der wir offen über unser Ansinnen diskutieren wollen. Auf Hilmars Anraten laden wir nur diejenigen ein, bei denen wir uns sicher sind, dass sie nichts weitererzählen. Das ist über die Hälfte der 17-köpfigen Belegschaft.

Am Donnerstag nach Feierabend ist es so weit. Die Gaststätte, in der Hilmar ein Hinterzimmer reserviert hat, heißt »Blaue

Grotte« und liegt nur wenige Kilometer von der Filiale entfernt. Alle, die wir angesprochen hatten, sind gekommen. Erst einmal wird gegessen. »Das Schnitzel bezahlt ausnahmsweise die Gewerkschaft«, ruft Hilmar in die Runde. Die Stimmung ist gelöst. Alle genießen es, sich mal abseits vom Arbeitsstress miteinander zu unterhalten. Schließlich schlägt Markus mit einem Löffel gegen sein Glas und beginnt: »Schön, dass ihr alle gekommen seid. Der Grund für unser Treffen ist, dass wir mit den Arbeitsbedingungen in unserer Filiale unzufrieden sind. Wir haben Herrn Müller von der Gewerkschaft eingeladen, damit er uns beraten kann. Denn wir haben uns überlegt, dass wir einen Betriebsrat gründen wollen.« Es ist das erste Mal, dass dieses Wort fällt. Selbst als wir die Kolleginnen einluden, haben wir nur von den schlechten Arbeitsbedingungen und einer »Mitarbeitervertretung« gesprochen.

Nachdem sich Markus hingesetzt hat, steht Hilmar auf. Er erklärt ausführlich und verständlich, welche Vorteile die Wahl einer Beschäftigtenvertretung hat – aber auch, welche Schwierigkeiten auf uns zukommen könnten. »In F. haben die Beschäftigten vor ein paar Monaten einen Betriebsrat gewählt und sind sehr zufrieden damit.«

»Wenn die Kollegen dort sich das getraut haben, können wir das auch«, sage ich. Viele in der Runde nicken mit dem Kopf.

Maria ist die Erste, die sich traut, etwas zu sagen: »Was kann uns passieren, wenn wir das machen?«

»Wenn es vorher rauskommt, kann es sein, dass ihr unter irgendwelchen Vorwänden gekündigt werdet«, antwortet Hilmar. »Ich halte das zwar für unwahrscheinlich, weil sie schlecht die Belegschaft von jetzt auf gleich komplett austauschen können, aber unmöglich ist das nicht. Es kann auch sein, dass sie versuchen, euch gegeneinander auszuspielen. Oder dass ihr Ablösesummen, höhere Gehälter, Schweigegeld oder sonst was angeboten bekommt, damit ihr einen Rückzieher macht.«

Manchem Kollegen steht plötzlich die Skepsis ins Gesicht geschrieben. »Sollten wir damit nicht besser noch warten?«, fragt eine Verkäuferin zögerlich.

Daraufhin erzähle ich von meinen Erlebnissen bei KiK. »Damals haben wir zu lange gewartet, und sie haben die Wahl letztlich verhindern können. Diesen Fehler möchte ich auf keinen Fall ein zweites Mal machen«, betone ich. »Ich habe gemerkt, dass es bei Lidl kein bisschen besser ist als bei KiK. Zwar bekomme ich jetzt Tarifgehalt, aber der Arbeitsdruck und die Bedingungen sind noch schlimmer. Nicht nur die schwere körperliche Arbeit – man muss sich von den Vorgesetzten auch noch mit Füßen treten lassen.« Dann spreche ich einzelne Kolleginnen an: »Maria, wie alt bis du jetzt? 50? Weißt du, ob du morgen bei Lidl noch einen Arbeitsplatz hast? Wenn Dettmann meint, du wärst zu alt, dann schiebt er dir irgendwas unter und kündigt dich. Und dann steht keiner hinter dir. Aber ein Betriebsrat, der muss hinter dir stehen.« Ich wende mich Barbara zu, die immer wieder wegen Allergien und Heuschnupfen ausfällt. »Was ist mit dir? Wenn du das nächste Mal fehlst, entlassen sie dich vielleicht mit dem Argument, es sei eine chronische Krankheit, die dem Unternehmen nicht mehr zuzumuten sei.«

»Und was kann ein Betriebsrat dann machen?«, fragt Barbara.

»Der kann die Kündigung zwar nicht verhindern«, gebe ich zu. »Aber er kann Widerspruch einlegen, was vor Gericht eine große Bedeutung hat. Ohne Betriebsrat kräht kein Hahn danach, was mit dir passiert.«

»Ja, das stimmt schon«, räumt Barbara ein.

Ich wende mich an alle: »Ihr wisst doch auch, dass ihr das nicht mehr lange aushaltet. Wie oft habe ich schon gehört, dass ihr euch nach einem anderen Job umsehen wollt. Wir sind doch ein Superteam, warum sollten sich alle eine neue Arbeit suchen? Wir wollen schließlich nichts anderes, als dass man uns respektiert und Dettmann uns nicht ständig vor den Kunden zur Schnecke macht. Ich möchte ja nicht wissen, wie der bei sich zu Hause ist. Gegenüber seiner Frau ist er wahrscheinlich so klein mit Hut«, sage ich und halte eine Hand in die Höhe, Daumen und Zeigefinger eng beieinander. Alle lachen.

Ernst fahre ich fort: »Aber eins ist klar: Wenn wir das machen, dann müssen wir alle dahinterstehen. Entweder alle oder keiner.«

Es ist ruhig. Die Gesichter sind ernst. Nach einer Pause sagt Hilmar: »Wenn ich die Wahl einleiten soll, muss schon mehr als die Hälfte von euch dafür sein. Wer nicht dafür ist, sollte aber bitte auch nicht dagegen agieren. Also, wer ist dafür?« Als Erstes gehen meine und Markus' Hände in die Höhe. Dann folgt die von Maria. Schließlich zeigen zehn der elf Anwesenden auf, davon zwei noch etwas zögerlich. »Und wer könnte sich vorstellen, zu kandidieren?« Wieder melden sich einige Kollegen. Hilmar nickt und sagt: »Ich denke, damit können wir es durchziehen. Aber wichtig ist, dass ihr auf keinen Fall irgendjemandem etwas über unseren Plan sagt. Verhaltet euch ganz normal. Eine Woche lang müsst ihr ganz ruhig sein.«

»Darf ich es meinem Mann sagen?«, kommt aus der Runde.

»Passt auf, Leute«, antworte ich, »sagt einfach gar nichts, zu niemandem. Auch nicht zu Freunden, sonst redet der eine mit dem anderen und schließlich landet es irgendwie bei Lidl. Ihr werdet das doch eine Woche durchhalten.«

Am nächsten Tag kommt Marita auf mich zu, die am Vorabend als einzige Mitarbeiterin nicht für die Betriebsratswahl

129

gestimmt hatte. Sie ist Russlanddeutsche, wie auch einige andere Beschäftigte in der Filiale. Sie sagt: »Mir hat das keine Ruhe gelassen. Ich habe mich erkundigt, was ein Betriebsrat ist. Das ist ja gar nichts Schlimmes.« Sie klingt verwundert.

»Nein, ist es auch nicht.«

»Das steht ja jedem deutschen Betrieb zu«, sagt sie.

»Ja, genau. Das ist etwas ganz Normales«, bekräftige ich.

»Ich habe nämlich gestern gedacht, das ist was Illegales.«

»Nein, das ist es nicht. Im Gegenteil: Es ist ein Grundrecht.«

Marita ist also auch dabei.

Betriebsräte und Gewerkschaften

Der einzelne Beschäftigte hat zumeist geringe Möglichkeiten, auf sich allein gestellt seine Interessen gegenüber dem Arbeitgeber durchzusetzen. Er ist weisungsgebunden und auf den Verkauf seiner Arbeitskraft angewiesen, kann also leicht unter Druck gesetzt werden. Die Organisierung in Gewerkschaften und die Wahl von Betriebsräten sind Mittel, der Willkür Grenzen zu setzen.

Betriebsräte können in Betrieben mit mindestens fünf ständig wahlberechtigten Arbeitnehmern gewählt werden. Bundesweit machen etwa die Hälfte der Belegschaften von diesem Recht Gebrauch. Schätzungen zufolge bestehen in Deutschland rund 40 000 Betriebsräte mit insgesamt mehr als 250 000 Mitgliedern. Betriebsräte werden alle vier Jahre gewählt. In Unternehmen mit mehreren Betrieben können Gesamtbetriebsräte, in Konzernen Konzernbetriebsräte und in international agierenden Unternehmen Europäische oder Welt-Betriebsräte geschaffen werden. Die Interessen von Auszubildenden und jungen Beschäftigten werden von der Jugend- und Auszubildendenvertretung (JAV) vertreten.

Betriebsräte sollen die Interessen der Beschäftigten vertreten. Allerdings sind ihnen dabei enge Grenzen gesetzt. Anders als für Gewerkschaften gilt für sie »Friedenspflicht«, das heißt sie dürfen nicht zu Streiks aufrufen, um ihre Forderungen gegenüber dem Unternehmer durchzusetzen. Zudem sind Betriebsräte zur »vertrauensvollen Zusammenarbeit« mit dem Arbeitgeber verpflichtet. Zugleich sind ihre rechtlichen Möglichkeiten beschränkt. In wirtschaftlichen Angelegenheiten, zum Beispiel Investitionsentscheidungen, haben sie keinerlei Mitspracherecht. Der Betriebsrat kann lediglich versuchen, die nachteiligen Folgen solcher Entscheidungen – zum Beispiel Massenentlassungen – durch einen Sozialplan abzufedern.

In vielen Fällen hat die Beschäftigtenvertretung nur Informations- und Anhörungsrechte. So auch bei Kündigungen, gegen die der Betriebsrat zwar Widerspruch einlegen, dessen Zustimmung aber vom Arbeitsgericht ersetzt werden kann. Wirkliche Mitbestimmungsrechte bestehen bei sogenannten sozialen Angelegenheiten, wie der Anordnung von Überstunden oder Kurzarbeit. Hier entscheidet im Zweifelsfall die Einigungsstelle, was dem Betriebsrat eine gewichtige Druckmöglichkeit gibt.

Auch wenn die Existenz eines Betriebsrats einen gewissen Schutz darstellt – die gewerkschaftliche Organisierung ersetzt sie nicht. Tarifverträge, also Löhne, Arbeitszeiten und -bedingungen werden ausschließlich von Gewerkschaften ausgehandelt. Betriebsräte dürfen in Betriebsvereinbarungen nur Dinge regeln, die nicht bereits per Tarifvertrag festgelegt sind (»Tarifvor-behalt«), zumindest dürfen die tariflichen Regelungen nicht verschlechtert werden (»Günstigkeitsprinzip«). Angesichts der beschränkten Möglichkeiten des Be-triebsrats wird dies auch von einer großen Mehrheit der betrieblichen Interessenvertreter gutgeheißen. Ohnehin sind rund drei Viertel der Betriebsratsmitglieder in ei-ner DGB-Gewerkschaft organisiert. Von den Betriebs-ratsvorsitzenden sind es etwa 95 Prozent.

(Quellen: Michael Kittner: Arbeits- und Sozialordnung. Gesetzestexte, Einleitungen, Anwendungshilfe, Frankfurt/Main, 32. überarbeitete Auflage, 2007; Wolfgang Fricke/Herbert Grimberg/Wolfgang Wolter: Betriebsverfassungsgesetz verstehen und anwenden, Frankfurt/Main, 2. überarbeitete und aktualisierte Auflage, 2007)

10

DIE WAHL

In den Tagen vor der ersten Wahlversammlung bin ich nervös. Vielleicht trägt ja doch jemand unseren Plan weiter. Oder Kolleginnen überlegen es sich anders, weil ihre Ehemänner dagegen sind. Doch nichts dergleichen passiert. Im Gegenteil: Gegen Ende der Woche macht sich Ungeduld breit. »Wann geht es endlich los?«, heißt es hinter vorgehaltener Hand. Ich erkläre geduldig den Ablauf: »Hilmar Müller von der Gewerkschaft kommt am Montagfrüh in die Filiale und hängt das Wahlausschreiben aus. Genau eine Woche später, am Montag um 7.30 Uhr, wird der Wahlvorstand gewählt. Am gleichen Tag hängen wir die Kandidatenliste aus. Wieder eine Woche später findet schließlich die Wahl selbst statt. Alles geht also innerhalb von zwei Wochen über die Bühne. Aber in dieser Zeit müssen wir auf der Hut sein.«

Kurz nach Ladenöffnung am Montagmorgen kommen Hilmar und ein weiterer Gewerkschafter in die Filiale und kleben das Wahlausschreiben ans Schwarze Brett. »Die Teilnahme an dieser Versammlung darf gemäß §20 BetrVG von niemandem behindert werden«, steht darauf. Mal sehen, ob Lidl sich daran hält, denke ich. Aber jetzt bin ich eher kampfeslustig als sorgenvoll. Was soll schon passieren? Schließlich stehen die Kollegen hinter uns. Auch die Mitarbeiter, die bislang noch nicht über unseren Plan informiert waren, unterstützen uns.

Die Geschäftsführung unserer Lidl-Vertriebsgesellschaft wird von Hilmar ebenfalls am Montag per Einschreiben informiert. Doch in der Filiale bleibt es an diesem Tag ruhig. Die Dinge gehen ihren gewohnten Gang – nur schwungvoller. Alle sind ein wenig aufgekratzt, necken sich und unterhalten sich fröhlich mit den Kunden.

Doch wir wissen, was auf uns zukommt. Fritz Krull ist vor wenigen Monaten in der Lidl-Filiale im nahe gelegenen F. zum Betriebsrat gewählt worden. Bei einem Treffen hatte er uns gewarnt: »In den zwei Wochen zwischen Bekanntgabe und Wahl wird es bei euch von Verkaufsleitern und anderen Managern nur so wimmeln. Die werden euch anschreien und versuchen, euch fertigzumachen.« Wegen dieser Warnung entscheiden Markus und ich, während der Stoßzeiten immer beide in der Filiale zu sein.

Am Dienstagfrüh kommt Dettmann in den Laden gestürmt. »Herr Lehmann, ich möchte sofort mit Ihnen sprechen«, fährt er Markus an, der ihm gehorsam in den Aufenthaltsraum folgt. Der Verkaufsleiter zieht die Tür mit Wucht hinter sich zu. Sofort fängt er an zu schreien. Was die beiden Männer sagen, kann man durch die schwere Metalltür nicht verstehen. Sie bleiben eine gefühlte Ewigkeit in dem Raum. Das Gebrüll wird immer lauter. Mir wird übel, während ich wie gelähmt vor der Tür stehe. Andrea fragt voller Sorge: »Was macht der denn mit Markus? Können wir ihm nicht irgendwie helfen?«

»Wenn es noch lange dauert, gehe ich rein«, antworte ich mit fester Stimme, die so gar nicht zu meiner inneren Verfassung passt.

Endlich geht die Tür auf, und Markus kommt hinaus. Er wirft mir einen bestürzten Blick zu, der zu sagen scheint: O Gott, hätten wir es lieber gelassen! Ich fühle mich miserabel. Schließlich war ich es, die den Stein ins Rollen gebracht hat. Ich bin es, die dafür gesorgt hat, dass es Markus jetzt so schlecht geht. Sobald ich sicher bin, dass Dettmann mich nicht sieht, folge ich Markus ins Lager. Wir schließen die Tür hinter uns, und Markus lässt sich erschöpft auf einer leeren Europalette nieder. Er wirkt noch schmächtiger als sonst. »Ich bin schuld, oder?«, frage ich, noch bevor Markus etwas sagen kann. »Sei ehrlich, ich habe euch da reingeritten. Ich habe ein total schlechtes Gewissen.«

»Ach was, das ist nicht wegen dir. So wäre es eh nicht weitergegangen. Von uns hat sich nur keiner getraut, deshalb brauchten wir wohl einen Leithammel – und das warst halt du.«

»Was hat Dettmann überhaupt gesagt?«, frage ich ein wenig erleichtert.

»Na ja, warum wir das machen, und dass das jetzt alles auf ihn zurückfällt.«

»Das ist ja auch richtig so. Der ist schließlich mehr oder weniger an der ganzen Scheiße schuld.«

»Das habe ich ihm auch gesagt.« In Markus' müdem Gesicht zeigt sich ein stolzes Lächeln. »Hast du das nicht gehört?«

»Nein, du weißt doch, dass man durch die Tür fast nichts verstehen kann.«

»Ich habe ihm gesagt, dass sein Vorgänger schon schlimm war und dass er nahtlos daran anknüpft. Dettmann hat dann gemeint, wir hätten ihn ja ansprechen können – die übliche Leier. Und dann hat er von F. angefangen.« Markus imitiert das Gebrüll des Verkaufsleiters: »Erst da ein Betriebsrat, jetzt hier, morgen dann überall, oder was?« Mit normaler Stimme fährt er fort: »Ich habe gesagt, dass wir mit den anderen Filialen nichts zu tun haben und nur unser Recht in Anspruch nehmen, hier einen Betriebsrat zu wählen – sonst nichts.«

»Sehr gut, Markus.«

»Dann hat er mir ziemlich offen gedroht: ›Das kann auch nach hinten losgehen‹, hat er gesagt. Ich könne auch gekündigt werden, bevor die Wahl stattfindet.«

»Das Schwein.«

In den folgenden Tagen knöpft sich Dettmann die Angestellten einzeln während der Arbeit vor. So etwas wie Markus muss aber keine ertragen. Wann ich wohl an der Reihe bin? Ich habe keine Angst mehr. Ein wenig freue ich mich sogar darauf, Dettmann die Meinung zu sagen. Irgendwann kommt er wieder in die Filiale. Doch dieses Mal ist er nicht allein. Herr Kronacker, Geschäftsführer der Vertriebsgesellschaft, ist dabei. Sie führen mich in den Aufenthaltsraum und ziehen die Tür hinter uns zu. Meine Sicherheit ist wie weggeblasen. Kronacker, der gerade erst die Geschäftsleitung der Gesellschaft übernommen hat, ist mir noch völlig unbekannt. »Setzen Sie sich«, sagt Dettmann und weist auf einen Stuhl am Kopf des Tisches. Dettmann und Kronacker platzieren sich links und rechts von mir.

Dettmann setzt sein falsches Lächeln auf. Sein Vorgesetzter beginnt freundlich: »Frau Schramm, wir haben gehört, dass Sie hier eine Wahlveranstaltung abhalten wollen.«

Das Wort amüsiert mich, aber ich lasse mir nichts anmerken.

Kronacker spricht weiter: »Ich will Ihnen nicht zu nahe treten. Aber ich gehe doch recht in der Annahme, dass Sie Ihre Finger da mit im Spiel haben? Wie wir wissen, sind Sie in der Gewerkschaft. Das ist ja auch Ihr gutes Recht. Das Ganze geht doch wohl auf Ihre Initiative zurück, habe ich recht?«

»Wenn Sie das so sehen.« Ich sage am besten so wenig wie möglich, nehme ich mir vor.

Jetzt fängt Dettmann an, auch er schlägt einen freundlichen Ton an: »Frau Schramm, ich weiß: Wir hatten in der letzten Zeit unsere Probleme miteinander. Aber wissen Sie, so ein schlechter Mensch bin ich gar nicht. Es gab doch hin und wieder auch Tage, an denen wir gut miteinander ausgekommen sind, nicht wahr? Aber Sie wissen ja, der Arbeitsdruck …« Er redet weiter, aber ich höre nicht mehr hin. Was der Typ für einen Unsinn erzählt, ist mir völlig egal.

»… und dass es ab und zu Spannungen gibt, ist doch normal«, schließt Dettmann.

»Unter Spannungen verstehe ich etwas anderes«, erwidere ich. Ich habe den Eindruck etwas sagen, mich rechtfertigen zu müssen. »Ich mache das nicht nur für mich. Ich kenne meine Rechte und nehme sie auch wahr – das haben Sie ja mitbekommen. Ich finde es aber ungeheuerlich, wie Sie mit den Mitarbeitern umgehen. Sie verbreiten hier Angst und Schrecken, Herr Dettmann. Deshalb machen die Leute auch massenhaft unbezahlte Überstunden. Diese Zustände will ich nicht länger tolerieren.« Jetzt habe ich doch mehr gesprochen, als ich vorhatte. Aber es tut gut, meine Wut in Worte zu fassen.

Dettmann geht nicht auf meine Vorwürfe ein. Stattdessen fragt Kronacker: »Und was machen wir jetzt, Frau Schramm?«

»Nichts. Wir halten die Wahl wie geplant ab. Das ist ja auch nichts Schlimmes.«

Jetzt wird Kronacker lauter: »Sie meinen vielleicht, dass die Wahl eines Betriebsrats nichts Schlimmes ist. Tatsächlich ist das aber eine Misstrauensbekundung unserer Firma gegenüber.«

»Das hat mit Misstrauen nichts zu tun«, gebe ich zurück. Ich fühle mich jetzt sicherer. »Wir wissen, dass wir bei Lidl einen sicheren Job haben. Aber mit Betriebsrat ist er noch sicherer. Und ohne sind wir der Willkür eines jeden Verkaufsleiters …«, ich werfe einen Blick auf Dettmann, »… schutzlos ausgesetzt, der kann mit uns machen, was er will.«

Nach einer kurzen Pause sagt Kronacker, der zu seiner freundlichen Stimme zurückgefunden hat: »Nun, Frau Schramm. Wie ich sehe, merken Sie, welche Fehler hier gemacht werden. Sie werden initiativ und können gut reden. Vielleicht können wir Sie an anderer Stelle im Unternehmen, an anderer Position einsetzen. Was halten Sie davon? Natürlich ginge das nicht mit dem Betriebsrat zusammen.«

Jetzt also die Bestechungsnummer. Darauf bin ich vorbereitet. »Nein danke. Ich habe mich in der Filiale gut eingearbeitet und möchte hierbleiben. Und ich werde auch mit den Betriebsrat wählen.«

»Sie meinen, die Sache sei für Sie damit erledigt?«, fragt der Geschäftsführer in schärferem Ton.

»Ja. Ich habe Ihnen erklärt, warum wir einen Betriebsrat wählen wollen, und dabei bleiben wir auch.«

»Das kann ein ganz großes Nachspiel für Sie haben, Frau Schramm. Bis zur Wahl sollten Sie sich das noch einmal gut überlegen. Danach ist es zu spät.«

»War es das jetzt?«, frage ich und stehe auf.

Da von den beiden Männern kein Wort mehr kommt, gehe ich hinaus. Jetzt unbedingt eine rauchen, denke ich und gehe zur Rampe bei der Warenannahme. Als ich mir die Zigarette anzünde, merke ich, wie die Spannung langsam von mir abfällt. Markus kommt heraus. Ich berichte ihm, was vorgefallen ist. Nach einem kurzen Gespräch sind wir uns einig: »Wir ziehen es jetzt durch. Zurück können wir sowieso nicht mehr.«

In den folgenden Tagen herrscht in der Filiale eine gedrückte Stimmung. Wir sind uns unsicher: War es das, oder kommt noch mehr? Kündigen sie vielleicht sogar jemandem? Doch alles bleibt ruhig.

Am Morgen der ersten Wahlversammlung fühle ich mich hervorragend. Endlich ziehen wir es durch und machen nicht auf halber Strecke kehrt. Wir werden bald einen Betriebsrat haben, und dann können sie nicht mehr alles mit uns machen. Ich bin stolz. Alle haben zusammengehalten. Keiner hat sich kaufen oder einschüchtern lassen.

Die Wahlversammlung beginnt um 7.30 Uhr. Die gesamte Belegschaft ist anwesend. Außerdem sind Müller und Dettmann da. Der Gewerkschaftssekretär erklärt den Ablauf und leitet routiniert die Versammlung. Markus, Andrea und ich werden in den Wahlvorstand gewählt, drei weitere Kolleginnen zu Stellvertreterinnen. Dann fragt Hilmar: »Gibt es Kandidatenvorschläge für den Betriebsrat?«

Ich melde mich und nenne Markus' Namen. Daraufhin schlägt er mich vor. Am Ende haben sich außerdem Andrea, Beate, Maria und drei weitere Kolleginnen in die Kandidatenliste eingetragen. So war es gedacht: Alle acht haben wir von nun an besonderen Kündigungsschutz.

Die Versammlung dauert kaum länger als eine Stunde. Danach verlassen alle den Aufenthaltsraum. Nur Markus, ich und Dettmann sind noch da. »Und die Gewerkschaft, die sitzt wohl weiterhin mit im Boot?«, fragt Dettmann schnippisch.

»Ja, schließlich sind wir zu 100 Prozent organisiert«, sagt Markus sofort.

Ich lege nach: »Jeder Einzelne von uns ist ver.di-Mitglied. Wissen Sie das nicht, Herr Dettmann? Sie können auch gerne eintreten.«

Dettmann sieht uns entgeistert an und verlässt fluchtartig den Raum. Wir lachen.

In der folgenden Woche ist der Verkaufsleiter jeden Tag in der Filiale. Vor allem Markus wird von ihm immer wieder wegen angeblicher Fehler kritisiert. Mich spricht Dettmann nicht mehr an.

Am Montag darauf kommt Hilmar gut gelaunt mit einer Wahlurne in den Laden. Die Stimmzettel haben wir schon vorbereitet. Hilmar hat dafür gesorgt, dass wir alle Formalitäten einhalten und die Wahl nicht angefochten werden kann. Während der festgesetzten Zeit kommen nach und nach die Beschäftigten in den zum Wahllokal umfunktionierten Aufenthaltsraum und werfen ihre Abstimmungszettel in die Box. Wir arbeiten an diesem Tag ganz normal, nur dass ein Kollege immer bei der Urne bleiben muss. Als Letztes kommt kurz vor Feierabend der Parkplatzreiniger, auch er gibt seine Stimme ab. Damit haben sich sämtliche Mitarbeiter an der Wahl beteiligt. Hilmar ist Punkt 20 Uhr da. Dann wird öffentlich ausgezählt, neben mir und Markus sind noch drei Kolleginnen dabei. Das Ergebnis ist so, wie wir es erhofft hatten: Markus wird zum Betriebsrat, ich zur Stellvertreterin gewählt. Alle anderen Kandidatinnen bekommen mindestens eine Stimme, sodass auch sie längerfristigen Kündigungsschutz genießen. Als wir vor die Filiale treten, holt Hilmar eine Flasche Sekt hervor und lässt den Korken knallen. Wir stoßen an, und es fühlt sich wunderbar an. Wir haben es geschafft!

Die Euphorie ist groß. Nur Markus macht schon wieder ein sorgenvolles Gesicht. »Oje, ich muss jetzt so viel lernen. Ich habe ja keine Ahnung von den ganzen Gesetzen und so.«

»Ach was«, sagt Hilmar darauf. »Du weißt, du kannst immer bei mir anrufen. Ich helfe dir schon. Jetzt freu dich erst mal.«

Der Gewerkschafter hat natürlich recht, wir sollten diesen Moment genießen. Aber auch ich habe meine Bedenken: Wenn Markus weg ist, muss ich ihn vertreten. Dabei habe ich von den Rechten und Pflichten eines Betriebsrats überhaupt keine Ahnung. Und ich muss mich mit Dettmann und dem restlichen Management anlegen, wenn etwas nicht dem Gesetz entspricht – das ist als Betriebsrätin meine Pflicht. Jetzt habe ich wahrscheinlich noch mehr Stress in der Firma.

Die Nachricht unserer Betriebsratsgründung verbreitet sich wie ein Lauffeuer. Aber die Reaktionen sind nicht nur positiv. Die Leiterin der benachbarten Lidl-Filiale sagt zu mir am Telefon: »Wir haben gehört, dass ihr einen Betriebsrat gegründet habt. Na, ihr traut euch ja was! Habt ihr keine Angst, entlassen zu werden?«

»Nein, wir machen schließlich nichts Illegales. Wir wollen nur nicht so weitermachen wie bisher«, antworte ich. Auf diesen Standardspruch haben wir uns geeinigt.

»Also, wir brauchen so etwas jedenfalls nicht«, sagt die Filialleiterin schneidend.

»Wie ihr meint.« Ob die da drüben alle so denken?

Ganz anders ist natürlich die Reaktion der Kollegen aus F. Ihr Betriebsratsvorsitzender kommt vorbei und gratuliert uns herzlich: »Das habt ihr toll durchgezogen. Jetzt können wir zusammen einen Gesamtbetriebsrat gründen.«

»Lass uns erst einmal alles verdauen. Wir wissen ja noch gar nicht, was ein Betriebsrat macht – geschweige denn ein Gesamtbetriebsrat«, sagt Markus. Das finde ich auch.

Wir bestellen mithilfe von Hilmar die notwendige Literatur: Das kommentierte Betriebsverfassungsgesetz und diverse Arbeitshilfen. Wir lernen, dass wir ganz formell Sitzungen abhalten müssen, obwohl wir nur ein einziges Betriebsratsmitglied haben. Als Markus bald nach der Wahl auf ein Seminar fährt, vertrete ich ihn zum ersten Mal. Meine »Sitzung« halte ich alleine zu Hause ab. Die Zeiten notiere ich und trage sie im Laden als Arbeitszeit ein, denn Betriebsratsarbeit findet grundsätzlich während der Arbeitszeit statt – so hat Hilmar es uns erklärt. Ich mache mir einen Spaß daraus, die Beschlüsse vor dem Spiegel per Handzeichen zu fällen und jedes Mal Einstimmigkeit festzustellen.

Nach einigen Wochen fällt Markus im Namen des Betriebsrats einen Beschluss, dass auch ich auf ein ver.di-Seminar fahren soll. Unter dem Motto »Aller Anfang ist schwer« kommen frischgebackene Betriebsräte aus dem Einzel- und Großhandel, von Banken und Versicherungen in einer Bildungsstätte der Gewerkschaft in der Nähe von Amberg zusammen. Dort öffnen sich mir schon am ersten Tag die Augen: Was haben wir für Mitbestimmungsrechte! Von Arbeitszeiten über Abmahnungen oder Entlassungen bis hin zu den Vorgaben für das Arbeitstempo an der Kasse – bei all diesen Fragen kann ich als Betriebsrat Einfluss nehmen. Zuvor hatte es mehrfach Abmahnungen gegeben, weil Kassiererinnen die verlangte Anzahl von Scans pro Minute nicht geschafft haben. Ich bin mir sicher: Damit ist jetzt Schluss. Und wenn Dettmann die Kolleginnen wieder anschreit, kann ich ihm theoretisch sogar Hausverbot erteilen.

Voller Motivation will ich eine zweite Schulung besuchen. Doch eine Woche vor Schulungsbeginn teilt mir der Verkaufsleiter lapidar mit, er halte meine Teilnahme an dieser Schulung für »nicht erforderlich«. Gemeinsam mit Hilmar beschließe ich, es auf diesen Konflikt ankommen zu lassen, und gehe dennoch hin.

Zurück in der Filiale wartet ein Schreiben des Verkaufsleiters auf mich, in dem behauptet wird, ich habe an einer nicht erforderlichen Schulungsmaßnahme teilgenommen, obgleich mir die Teilnahme ausdrücklich untersagt worden sei. Die nicht geleisteten Arbeitsstunden würden mir abgezogen.

Doch damit können sie mich nicht erschrecken. Auf meine Veranlassung beschließt der Betriebsrat, eine Anwaltskanzlei mit der Sache zu beauftragen. Es dauert nicht lange, bis das Geld, das sie mir von meinem Gehalt abgezogen haben, wieder auf meinem Konto ist.

Beflügelt von diesem Erfolg will ich den Betriebsrat nun richtig nutzen. »Wir müssen uns die Personalakten anschauen. Wer weiß, was da drinsteht«, sage ich zu Markus.

»Das geht aber nur mit Einverständnis der Mitarbeiter«, gibt er zu Bedenken.

Außer ein paar Aushilfen nehmen alle unser Angebot wahr, gemeinsam die Akte durchzugehen. Die Resultate sind erstaunlich. In einer Vielzahl von Unterlagen entdecken wir Fehler: längst verjährte Abmahnungen, falsche Eingruppierungen, falsche Einsatzorte usw. Für einige bedeutet unsere Intervention eine ordentliche Gehaltsverbesserung.

Unser zweites Projekt ist die Überprüfung der Teilzeitverträge. Wir finden heraus, dass viele Kolleginnen offiziell eine Arbeitszeit von 60 Stunden pro Monat haben, aber seit Langem für mehr als die doppelte Zeit eingeteilt werden. Wir formulieren einen Beschluss mit der Forderung, die Verträge entsprechend aufzustocken. Für die Mitarbeiterinnen heißt das nicht nur größere Einkommenssicherheit, sondern auch mehr Urlaubs- und Weihnachtsgeld. Für Markus und mich ist es allerdings eine enorme Arbeit, alles durchzurechnen. Doch es macht auch Spaß – schließlich erreichen wir etwas für unsere Kollegen.

Als wir Dettmann unsere Berechnungen vorlegen, ist er stinksauer. »Wenn Sie die Leute so einstufen wollen, dann müssen wir andere entlassen. Dann gehen halt die, die zuletzt eingestellt worden sind.«

»Wieso das denn?«, fragt Markus entgeistert.

»Weil ich die höheren Stundenverträge nicht mit meinen Kostenvorgaben in Einklang bringen kann.«

Markus und ich schauen uns an. Wir sind verunsichert.

»Aber das geht doch nicht …«, sage ich.

Doch Dettmann fällt mir ins Wort: »Sie sind mal ruhig. Herr Lehmann ist der Betriebsrat.«

Markus sagt nichts.

Ich schlucke meine Enttäuschung über Markus' fehlende

Reaktion hinunter und versuche, mich auf die Sachfrage zu konzentrieren. Erst einmal Zeit gewinnen, denke ich und sage: »Wir müssen uns informieren.«

»Ja, das müssen wir«, stimmt Markus zu. »Lassen Sie uns das morgen klären.«

Noch am gleichen Tag treffen wir Hilmar im Gewerkschaftsbüro. »Lasst euch nicht ins Bockshorn jagen«, sagt er. »So einfach kann man keinen entlassen. Dafür müsste der gute Herr Dettmann euch erst einmal einen Kostenplan vorlegen und beweisen, dass die Arbeitskräfte in der Filiale nicht benötigt werden. Außerdem darf er nicht permanent Überstunden anordnen und gleichzeitig Leute auf die Straße setzen. Im Zweifelsfall kann der Betriebsrat alle Überstunden ablehnen. Wenn ihr das macht, kommt er mit den Stellen nicht mehr hin und kann sowieso niemanden kündigen.«

Wir sind beruhigt. Am nächsten Tag präsentieren wir Dettmann selbstbewusst unsere neuen Argumente. Er läuft rot an vor Wut und sagt: »Dann machen wir es halt so.« Ohne sich zu verabschieden, stürmt er aus der Filiale. Diese Runde geht an uns.

Als Nächstes nehme ich mir die Arbeitspläne vor. Bislang ist die Schichteinteilung mehr oder weniger zufällig und richtet sich kaum nach den Bedürfnissen der Beschäftigten. Ich stelle sie um, damit jeder Mitarbeiter mindestens einen Samstag im Monat frei hat. Auch versuche ich, die Vereinbarkeit von Familie und Beruf zu verbessern. Es stellt sich heraus, dass wir für eine ausreichende Besetzung das Stundenbudget für die Filiale aufstocken müssen. Ich gehe zu Markus, erkläre ihm das Problem und sage kategorisch: »Wir brauchen noch jemanden, sonst haut es nicht hin. Als Betriebsrat sind wir verpflichtet, darauf zu achten, dass es keine unbezahlten Überstunden gibt. Ohne haben wir aber zu wenig Leute.«

»Das stimmt«, sagt Markus und verzieht das Gesicht. Er hat offenbar keine große Lust, sich schon wieder mit dem Verkaufsleiter anzulegen, sagt aber: »Okay, ich rede mit Dettmann.«

Ich komme mit, um Markus zu unterstützen. »Herr Dettmann, Sie sehen: Wir kommen mit unseren Stunden nicht hin«, schließt Markus seine Ausführungen.

Der Verkaufsleiter reagiert genervt: »Das ist doch nicht mein Problem. Schreiben Sie die Pläne halt um.«

»Als Betriebsrat muss ich darauf achten, dass alle Arbeitsstunden aufgeschrieben werden. Deshalb brauchen wir eine zusätzliche Arbeitskraft.« Markus bleibt standhaft. Nach einer längeren und anstrengenden Auseinandersetzung muss Dettmann schließlich nachgeben. Denn das Recht ist auf unserer Seite.

Ich bin zufrieden. Wir haben in der kurzen Zeit schon ganz schön viele Verbesserungen durchgesetzt. Die »Ranking-Liste« der Kassiererinnen, die sich nach den geschafften Scans pro Minute richtet, muss nicht mehr ausgefüllt werden. Auch in Bezug auf anonyme Testkäufe legen wir unser Veto ein. Dabei versuchen Beauftragte des Unternehmens Waren ohne zu bezahlen durch die Kasse zu schmuggeln. Wenn die Verkäuferin den vermeintlichen Diebstahl nicht bemerkt, kann sie eine Abmahnung wegen Unaufmerksamkeit erhalten. Da sich die Testkäufer weder anmelden noch nach der Aktion zu erkennen geben mussten, konnte der Verkaufsleiter jederzeit behaupten, eine Kassiererin sei beim Testkauf durchgefallen. Nachprüfen konnte das niemand. Gegen diese Methode legen wir als Betriebsrat Widerspruch ein. In unserem Schreiben an die Geschäftsleitung verkünden wir, dass Testkäufe, die die Angestellten in Angst bringen und als Druckmittel empfunden werden können, ab sofort nicht mehr akzeptiert werden.

Anonym durchgeführte Testkäufe spielen seither – zumindest in unserer Filiale – keine Rolle mehr.

Nicht nur die Arbeitsbedingungen verbessern sich durch die Betriebsratsgründung. Das ganze Klima ist verändert, die Kolleginnen sind viel selbstbewusster. Sie verstecken sich nicht mehr, wenn Dettmann in den Laden kommt. Auf die Probe gestellt wird das neue Selbstbewusstsein während der Tarifrunde des Einzelhandels 2005, wenige Monate nach der Betriebsratswahl. Markus und ich werden von ver.di in die Tarifkommission für Bayern berufen. Dort erfahren wir, dass die Tarifverträge gekündigt wurden und die Arbeitgeber unbezahlte Arbeitszeitverlängerung, die Streichung von Zuschlägen sowie die Umwandlung von Weihnachts- und Urlaubsgeld in »erfolgsabhängige« Prämien durchsetzen wollen. Die Mitglieder der ver.di-Tarifkommission sind empört. Wir auch. Allerdings sagen wir bei dem Treffen nichts, schließlich sind wir zum ersten Mal da und haben Angst, uns zu blamieren.

Da die Unternehmer an ihren Forderungen festhalten, ruft ver.di zum Streik auf. Den Anfang machen die gewerkschaftlich gut organisierten Kollegen aus großen Kaufhäusern, Supermärkten und Warenlagern. Die Verkäuferinnen bei Lidl haben noch nie gestreikt. »Bald seid ihr dran«, sagt Hilmar bestimmt.

»Was müssen wir tun?«, frage ich.

»Ihr als Betriebsräte dürft nicht zum Streik aufrufen, es ist aber wichtig, dass ihr den Kollegen in den nächsten Tagen noch einmal intensiv erklärt, worum es geht: um ihre Löhne und Arbeitsbedingungen. Wenn sie nicht kämpfen, wird es kein anderer für sie tun.«

»Machen auch noch andere von Lidl mit?«

»Da, wo es keine Betriebsräte gibt, können wir die Leute schlecht mobilisieren. Das heißt: Außer euch wird in ganz

Bayern nur die Filiale in F. aufgerufen. Aber die Kollegen aus dem Regionallager in E. sind auch dabei.«

»Wie erfahren wir, wenn es losgeht?

»Ich werde euch sehr kurzfristig informieren.«

»Und was ist, wenn manche nicht mitmachen?«, fragt Markus skeptisch.

»Solche Probleme haben wir auch anderswo. Ich bin mir aber sicher, dass die Mehrheit eurer Leute dabei sein wird«, ist Hilmar überzeugt.

Wir sehen dem Ereignis mit gemischten Gefühlen entgegen. Auf der einen Seite sind wir unsicher. Andererseits herrscht auch eine gewisse Vorfreude: Jetzt sind wir erstmals selbst daran beteiligt, für unsere Löhne zu streiten.

Von den Kollegen in der Filiale zeigen sich einige ängstlich. Marita fragt: »Aber darf man das denn? Einfach nicht arbeiten?«

»Natürlich dürfen wir das. Streik ist genauso ein Grundrecht wie die Betriebsratswahl. Der Arbeitgeber darf keinen dafür bestrafen, dass er am Streik teilnimmt.«

Einige Tage darauf klingelt um kurz nach 5 Uhr bei mir zu Hause das Telefon. Hilmar ist dran: »Es geht los, heute werdet ihr zum Streik aufgerufen.«

Obwohl ich das jeden Tag erwartet hatte, bin ich perplex. »Und was mache ich jetzt?«

»Mach dir keinen Kopf. Komm einfach ganz normal in die Filiale, wir warten dort auf dich.«

»Weiß Markus Bescheid?«

»Ja, den habe ich gerade schon angerufen.«

Ausnahmsweise nehme ich heute meinen Dackel Cindy mit. Ich werde ja ohnehin den ganzen Tag draußen verbringen. Als ich auf den Parkplatz fahre, sehe ich schon Hilmar mit ein paar Gewerkschaftskollegen, die ich noch nicht kenne. Sie tragen weiße Streikwesten mit dem roten ver.di-Logo. Einige halten Fahnen und Schilder in der Hand. Ich ziehe mir auch eine ver.di-Weste über. Die Filiale schließen wir erst gar nicht auf. Hilmar klebt ein Plakat auf die Tür: »Heute: Streik« steht darauf. Nach und nach kommen die ersten Kolleginnen. Alle stellen sich anstandslos zu uns. Dass sie mitstreiken, ist überhaupt keine Frage.

Um 7 Uhr kommt der Mann von der »Tafel«, der um diese Zeit immer die nicht mehr verkaufsfähigen Waren abholt, um sie Obdach- und Arbeitslosen zu bringen. »Finde ich gut, dass ihr euch nicht alles gefallen lasst«, sagt er. Kurzentschlossen zieht er sich selbst eine Streikweste über und gesellt sich zu uns. Für uns ist das eine große Ermutigung. Auch die Kunden reagieren durchweg positiv. »Das macht ihr richtig. Für so eine harte Arbeit verdient ihr sowieso viel zu wenig«, meint eine Stammkundin. Die Rewe-Filiale nebenan kann sich an diesem Tag über ein sattes Zusatzgeschäft freuen.

Um 9 Uhr ruft Hilmar Herrn Dettmann an und informiert ihn über den Ausstand. Schon kurz darauf fährt der Verkaufsleiter mit seinem schicken dunklen Wagen auf den Parkplatz. Oje, jetzt schreit der bestimmt gleich wieder los, denke ich. Doch gemeinsam mit den anderen fühle ich mich sicher. Dettmann lächelt nur abfällig und sagt: »So, so, ihr streikt also.« Er hängt einen Zettel an die Tür, auf dem Lidl über den Streik informiert und die Kunden bittet, in der nächstgelegenen Filiale einzukaufen. Dann fährt er wieder weg. Ich atme tief durch. Das habe ich mir schlimmer vorgestellt.

Den Höhepunkt erreicht die Stimmung, als ein Bus mit Streikenden der Filiale aus F. und des Lidl-Lagers in E. auf den Parkplatz rollt. Jubelnd begrüßen wir die mehr als 60 Kollegen. Hilmar hat Tapetenrollen und Sprühdosen mitgebracht. Wir schreiben Parolen auf Tapetenstücke und legen sie als »Zebrastreifen« vor die Filiale. Aus Spaß ziehe ich meinem Dackel Cindy eine Streikweste über. Sogar eine kleine Demonstration veranstalten wir auf dem Parkplatz und rufen dabei »Wir wollen unser Urlaubs- und Weihnachtsgeld« und »Gute Arbeit, gutes Geld«. Mittags gehen wir in einen nahe gelegenen Biergarten und feiern unseren Erfolg.

11

SCHNAPS STATT LIDL

Nachdem wir erfolgreich Betriebsräte in zwei Lidl-Filialen gegründet haben, sind wir sicher, dass es dabei nicht bleiben wird. Auch Annika will in ihrem Markt eine Beschäftigtenvertretung aufbauen. Da sie zu dieser Zeit jedoch wegen Rückenproblemen krankgeschrieben ist, kann sie ihre Pläne noch nicht in die Tat umsetzen. Als sie wieder gesund ist, ruft mich meine Freundin sofort an: »Stell dir vor, was passiert ist. Die haben mich in eine Filiale am Arsch der Welt versetzt. Und sie wollen, dass ich auf 120 Stunden runtergehe.«

»Genau dieselbe Geschichte wie nach meiner Krankheit«, sage ich. »Die können dich aber nicht einfach runterstufen. Wenn du als Filialleiterin eingestellt bist, dann müssen sie dich auch entsprechend beschäftigen.«

»Die wissen bestimmt, dass wir beide befreundet sind, und denken sich, dass ich auch einen Betriebsrat gründe«, vermutet Annika. »Deshalb haben die mich gar nicht mehr in meine alte Filiale gelassen.«

»Das kann gut sein«, meine ich. »Aber lass dir das nicht gefallen.«

Doch das Unternehmen geht rigoros vor. »Dann müssen wir uns trennen«, sagt der zuständige Verkaufsleiter Reimann zu Annika, als sie auf ihrer alten Stellung beharrt. Sie erhält die Kündigung. Annika ist gesundheitlich und psychisch so angeschlagen, dass sie sich nicht zu einem langwierigen Arbeitsgerichtsprozess in der Lage sieht. Schließlich unterschreibt sie einen Aufhebungsvertrag – dieses Problem ist Lidl los.

Ich bin wütend und frustriert. Meine beste Freundin hat wahrscheinlich wegen mir und der Betriebsratsgründung ihren Job verloren. Obwohl Annika mir keinerlei Vorwürfe macht, habe ich ein schlechtes Gewissen. Vor allem aber bin ich stinksauer. Das Unternehmen weiß ganz genau, dass es damit gegen Gesetze verstößt. Dennoch wird Annika einfach auf die Straße gesetzt – und es funktioniert auch noch.

Monate später habe ich die Gelegenheit, Annikas damaligen Verkaufsleiter Reimann auf den Vorfall anzusprechen: »Ich vergesse Ihnen nie, dass Sie meine Freundin entlassen haben.«

»Es tut mir leid, aber ich konnte nicht anders – ich musste das machen.«

Ich schließe daraus, dass Annikas Entlassung nicht auf seinem Mist gewachsen war, sondern von ganz oben angeordnet wurde.

In der ersten Zeit nach unserer Wahl habe ich viel Kontakt zu Fritz Krull, dem Vorsitzenden des Betriebsrats aus F. Er kennt sich mit der Arbeit einer Beschäftigtenvertretung bereits deutlich besser aus als ich und bringt mich auf viele gute Ideen. Auf einen Punkt kommt Fritz immer wieder zurück: »Lass uns doch einen Gesamtbetriebsrat gründen.«

»Warum ist das denn so wichtig?«

»Weil wir dann auch auf Unternehmensebene und nicht nur in der einzelnen Filiale Mitbestimmungsrechte haben. Wir können dann viel mehr beeinflussen.«

Am nächsten Tag spreche ich Markus auf das Thema an. »Was meinst du? Das ist doch eigentlich eine gute Idee von Fritz.«

Wie so oft reagiert Markus zurückhaltend: »Warten wir besser noch ein bisschen ab. Wir müssen ja nicht gleich alles eskalieren lassen.«

Einerseits nervt mich die zögerliche Haltung meines Kollegen. Andererseits ist es vielleicht nicht schlecht, wenn jemand meinen Elan ein wenig bremst. Man muss ja nicht immer voll auf Konfrontation gehen. Und den Gesamtbetriebsrat können wir schließlich auch in ein paar Monaten noch gründen, wenn sich die Wogen ein wenig geglättet haben und das Management sich an die Existenz von Betriebsräten gewöhnt hat.

Bald darauf erhalten wir in der Filiale einen Brief der Geschäftsleitung. Darin wird uns mitgeteilt, dass die Lidl-Gesellschaft umstrukturiert wird. Ich verstehe nicht ganz, was das bedeutet. Noch während ich darüber nachdenke, klingelt das Telefon. Fritz ist dran: »Sag mal, habt ihr dieses Schreiben auch bekommen?«

»Ja.«

»Und was steht drin?«

»Dass wir jetzt zu einer anderen Lidl-Vertriebsgesellschaft gehören. Was hat denn das für Folgen?«

»Das hört sich nicht so dramatisch an«, antwortet Fritz. »Aber bei uns haben sie noch etwas ganz anderes vor: Wir werden zur Schnapp's Discount GmbH.«

»Wie bitte? Wollen die jetzt eine Schnapsfabrik aus euch machen, oder was?« Ich bin amüsiert.

Aber Fritz bleibt vollkommen ernst. »Das heißt, dass wir ausgegliedert werden.«

»Und wieso Schnaps?«

»Schnapp's wie von Schnappen soll das heißen. Die wollen so eine Art Krimskramsmarkt, ein Restpostencenter aus uns machen.«

»Wie bitte? Jetzt warte mal. Der Laden soll zugemacht werden und dann nur noch Non-food-Produkte verkaufen?«

»Genau. Wir sind ab sofort kein Lidl-Markt mehr.«

»Moment mal, Fritz. Dann bist du ja gar kein Betriebsrat von Lidl mehr.«

»Das ist es ja!«

»Aber geht das denn so einfach?«

»Die Gewerkschaft meint, Ja. Ein Unternehmen kann sich umstrukturieren und Töchter gründen, wie es lustig ist. Das nennt sich dann ›Schutz des Privateigentums‹. Was mit den Menschen passiert, die hier arbeiten, spielt dabei keine Rolle.«

»Dann können wir ja gar keinen Gesamtbetriebsrat mehr gründen.«

»Stimmt. Das hätten wir wohl doch früher machen sollen.«

Ich mache mir Vorwürfe. Wieder einmal hat sich langes Zögern nicht ausgezahlt. Ich nehme mir vor, der Firmenleitung ab jetzt jede Sauerei zuzutrauen und mich entsprechend zu verhalten.

Bestärkt werde ich in meiner Auffassung durch Ereignisse im Herbst 2005 im baden-württembergischen Calw. Dort existiert zu diesem Zeitpunkt der einzige andere Betriebsrat, der eng mit ver.di zusammenarbeitet. Zwar behauptet Lidl, dass es zwei weitere Beschäftigtenvertretungen in Baden-Württemberg gibt. Von diesen Kollegen haben wir jedoch noch nie etwas gehört. Und es soll einen Betriebsrat in Bremerhaven geben, zu dem wir aber ebenfalls keinen Kontakt haben. Plötzlich erfahren wir, dass das Unternehmen die Filiale in Calw geschlossen hat. Wir können es erst gar nicht glauben, aber es stimmt: Lidl macht den Markt einfach dicht. Damit gibt es auch diesen Betriebsrat nicht mehr.

Gemeinsam mit anderen ver.di-Aktivisten halten wir aus Protest sogar eine kleine Kundgebung ab. Doch ohne Erfolg: Calw bleibt geschlossen, F. ausgegliedert. Beides bestimmt in der nächsten Zeit die Gespräche in unserer Filiale. Ich mache mir große Sorgen. »Was ist, wenn sie das mit uns auch machen?«, sage ich zu Maria. »Ich habe die ganze Sache hier angefangen. Und wenn wir ausgegliedert werden, bin ich schuld.«

»Ach, Quatsch«, erklärt Maria kategorisch. »Wir tun doch nichts Schlimmes. Wir machen unsere Arbeit und guten Umsatz. Nur dass wir die Stunden, die wir arbeiten, auch bezahlt haben wollen – das ist doch normal. Du bist an überhaupt nichts schuld, Uli.«

Zu dieser Zeit startet ver.di die Lidl-Kampagne. In dem im Juni 2006 veröffentlichten »Schwarzbuch Lidl« werden die Arbeitsbedingungen bei dem Discounter detailliert und realistisch beschrieben. Markus nimmt für unsere Filiale an der Buchpräsentation teil. Die Reaktion des Unternehmens auf die große öffentliche Aufmerksamkeit lässt nicht lange auf sich warten. »Bei sechs Stunden Arbeit ist eine halbstündige Pause zu gewähren. Die Filialleitungen haben dafür Sorge zu tragen, dass dies eingehalten wird.« »Alle Überstunden sind aufzuschreiben. Die Filialleitungen sind dafür verantwortlich, dass dies geschieht.« Solche und ähnliche Anweisungen kommen per Fax. Dann hängt der Geschäftsleiter auch noch einen Zettel mit der Überschrift »Sorgentelefon« in den Aufenthaltsraum. »Ich will, dass Sie sich an Ihrem Arbeitsplatz wohlfühlen und alle reibungslos und erfolgreich miteinander arbeiten können. Deshalb bin ich gerne bereit, Ihnen zu helfen, wenn Sie Probleme mit Ihren Vorgesetzten nicht lösen können oder wollen«, steht darauf, darunter die Unterschrift und Telefonnummer Kronackers.

Selbst Dettmanns Umgangston gegenüber den Mitarbeitern verändert sich ein wenig. Ich bin davon allerdings ausgenommen. Immer wieder bringt er in aller Öffentlichkeit Sprüche wie »Frau Schramm-de Robertis braucht demnächst eine zweite Einarbeitung« oder »Die kann ja nicht einmal ordentlich abschachteln«. Sobald ich etwas sage, fällt er mir ins

Wort. Zumeist ignoriert er mich aber – ob als Filialleiterin oder als stellvertretende Betriebsrätin. Stets spricht Dettmann nur Markus an. Immer wieder rede ich mit Markus über diese für mich unerträgliche Situation. Wer kann mir helfen, wenn nicht er als Betriebsrat? »Markus, merkst du nicht, wie Dettmann mich fertigmachen will? Merkst du nicht, wie der mich mobbt?«

»Hm, was soll ich machen?«

Wieder habe ich das Gefühl, dass Markus nicht zu 100 Prozent auf meiner Seite steht. »Na, irgendwas. Mich macht das total fertig, ich halte das nicht mehr lange aus.«

»Ich kann ja mal mit ihm reden«, meint Markus.

Auch anderswo versuche ich, mir Hilfe zu holen. Ich wende mich an eine von der Kirche getragene Mobbingberatung. Mir wird geraten, Notizen über alle relevanten Vorfälle zu machen, sodass ich bei einem eventuellen Prozess etwas in der Hand habe. Außerdem empfiehlt der Mobbingberater, ich solle mir Unterstützung bei einem Psychologen holen. Erst bin ich skeptisch. Ich brauche doch keinen Seelenklempner. Schließlich entscheide ich mich doch dafür. Es tut mir gut, alles einmal zu schildern und Verständnis für meine Situation zu bekommen. Der Psychologe macht mir einen kreativen Vorschlag: »Stellen Sie sich einfach vor, Ihr Vorgesetzter sei Otto Waalkes oder irgendeine lustige Comicfigur. Dann kann er Ihnen gar nichts mehr anhaben.«

Ich finde die Idee komisch, probiere es aber aus. Und tatsächlich funktioniert der Trick ganz gut. Wenn mich Dettmann anschreit, stelle ich mir ihn als Otto vor. Ich muss dann immer grinsen. Der Verkaufsleiter ist sichtlich irritiert. So halte ich die Situation einigermaßen aus.

Trotzdem sehne ich mich in diesem Sommer wie nie zuvor nach meinem Urlaub. Endlich einmal ausspannen nach all den Konflikten und dem Stress. Wir fliegen zwei Wochen nach Spanien – wie jedes Jahr. Die Zeit vergeht viel zu schnell. Schon sind wir wieder auf dem Rückflug. Auf der Rolltreppe im Flughafen fällt mir auf, dass meine Tochter Carina das Gesicht verzieht. Ich wundere mich, denke aber wegen des Trubels beim Abflug nicht weiter darüber nach.

Endlich sind wir zu Hause. Ich bin ganz schön kaputt von der Reise. Da ruft Carina aus ihrem Zimmer im zweiten Stock: »Mama, komm.« Ich gehe hinauf.

»Ich habe solche Kopfschmerzen«, sagt sie.

»Seit wann hast du denn Kopfschmerzen? Das hast du doch sonst nicht.«

»Es tut so weh. Kannst du mir was geben, damit es mir besser geht?«

Ich gebe ihr eine Tablette Aspirin. »Jetzt schlaf gut, morgen geht es dir bestimmt besser.«

Doch bald ruft Carina wieder von oben: »Mama, Mama. Ich hab solche Kopfschmerzen.«

»Ich kann dir doch nicht noch eine Tablette geben«, sage ich und setze mich zu ihr. »Ist ein bisschen viel in dem Alter, findest du nicht?« Schließlich gebe ich nach und hole Carina eine weitere Tablette.

Als ich wieder unten bin, klingelt das Telefon. Es ist Petra, eine frühere Kollegin aus E. Wir unterhalten uns über Spanien, ich sitze gemütlich in der Küche. Auf einmal höre ich von oben lauten Krach. Nach wenigen Minuten steht Carina vor mir und brüllt wie am Spieß: »Ich hab so Kopfschmerzen, ich hab so Kopfschmerzen. Bitte hilf mir, ich sterbe.«

»Was ist denn bei dir los?«, fragt Petra am anderen Ende der Leitung.

»Ich weiß nicht«, antworte ich. »Meine Tochter hat schon den ganzen Tag Kopfschmerzen. Ich habe ihr bereits zwei

Aspirin gegeben, normalerweise mache ich so was gar nicht. Jetzt schreit sie aber immer noch, dass sie Kopfschmerzen hat und es nicht aushält.«

»Frag sie mal, ob sie ihren Kopf nach vorne tun kann«, sagt Petra sofort.

»Wie, den Kopf nach vorne?« Ich verstehe nicht, was Petra will.

»Na, frag sie, ob sie den Kopf nach vorne bewegen kann«, sagt sie drängend.

»Carina, tu bitte mal deinen Kopf nach vorne«, fordere ich meine Tochter auf.

Sie probiert es, verzieht vor Schmerzen das Gesicht und schreit: »Nein, das tut weh.«

Petra sagt: »Nimm sofort dein Kind und fahr ins Krankenhaus. Sie hat wahrscheinlich eine Hirnhautentzündung.«

Ich lege sofort auf und rufe im Krankenhaus an. So schnell es geht fahren wir in die Klinik. In großer Eile wird sie untersucht. Ich darf nicht dabei sein und sitze ungeduldig vor dem Behandlungszimmer. Auf einmal hört das Schreien auf. Jetzt haben sie ihr endlich ein Schmerzmittel gegeben, denke ich.

Ein paar Minuten später kommen ein Arzt und eine Ärztin heraus und setzen sich zu mir. »Ihre Tochter hat *Meningokokken-Meningitis*«, sagt der Arzt. Auf meine fragenden Blicke hin führt er aus: »Das ist eine Hirnhautentzündung, aber die schwerste Form. Sie ist übertragbar. Also können alle, die mit ihr in Berührung gekommen sind, sich bereits angesteckt haben. Wir müssen Sie und alle anderen untersuchen.«

»Und was passiert mit meiner Tochter?«

»Wir haben die Stammzellen untersucht und festgestellt, dass sich die Krankheit schon im Endstadium befindet. Eigentlich müsste Ihre Tochter schon tot sein.« Auf meinen panischen Blick fügt er hinzu: »Wir tun alles, was in unserer Macht steht.«

»Und was ist das?«

»Sie bekommt Penicillin, das stärkste, das es gibt. Und dann können wir nur hoffen.«

Ich habe das Gefühl, in einen tiefen Abgrund zu stürzen. Das kann doch nicht sein, ich glaube das nicht. Es kommt keine Träne. Die sollen mir nicht so einen Quatsch erzählen, denke ich. Erst später begreife ich nach und nach, was geschehen ist. Die Behandlung wegen der möglichen Ansteckung lasse ich lethargisch über mich ergehen. Ich bin völlig kraftlos.

Tag und Nacht sitze ich in den nächsten Tagen an Carinas Bett. Sie schläft die ganze Zeit – vollgepumpt mit Medikamenten. Allen negativen Prognosen zum Trotz kommt sie nach einigen Wochen wieder auf die Beine. Doch die Angst bleibt, selbst einige Monate danach bin ich noch völlig angespannt und wenig belastbar.

Dettmann nimmt darauf keine Rücksicht – im Gegenteil. Ständig versucht er, mir Fehler anzukreiden. Ich muss immer auf der Hut sein. Als Filialleiterin und stellvertretende Betriebsrätin ignoriert er mich weiterhin. Selbst wenn Markus nicht da ist, spricht Dettmann kaum mit mir. Er lässt seine Anweisungen meistens auf einem Zettel im Büro liegen. Auch ich vermeide den Kontakt, so weit es geht. Bei Fragen rufe ich lieber die Kollegen in benachbarten Filialen als meinen Vorgesetzten an.

So auch an diesem Mittwoch. Wir haben gerade eine neue Weinsorte bekommen, einen Riesling aus Rheinhessen. Bei neuer Ware ist sonst immer ein »Spiegel« dabei, auf dem gekennzeichnet ist, wo sie im Laden platziert werden soll. Dadurch ist das Erscheinungsbild aller Lidl-Filialen einheitlich. Doch bei dem Wein fehlt diese Information. Also rufe ich die

Filialleiterin einer benachbarten Filiale an: »Sag mal, weißt du, wo der neue Wein hinkommt?«

»Nein, wir haben den Spiegel auch noch nicht. Wir haben ihn einfach ganz links im Weinregal einsortiert.«

»Na gut, dann mache ich das genauso. Vielen Dank.« Ich lege auf und mache mich daran, die Palette zu entleeren.

Ich stehe gerade am Kühlregal für Molkereiprodukte und checke das Ablaufdatum der Milch, als Dettmann – ich hatte noch gar nicht bemerkt, dass er in der Filiale ist – auf mich losgeht: »Können Sie nicht lesen, oder was?«

»Wieso?«, frage ich verwirrt.

»Der neue Sortimentswein gehört nicht auf die linke, sondern auf die rechte Seite.«

»Entschuldigung, aber ich habe keine Info darüber bekommen. Ich habe in der Nachbarfiliale angerufen, die wussten es auch nicht.«

»Das Rundschreiben ist definitiv rausgegangen, und wenn Sie nicht blind wären, hätten Sie das auch gesehen.« Dettmann schreit so laut, dass sich Kunden zu uns umdrehen.

»Herr Dettmann, mir reicht es jetzt«, sage ich in scharfem, aber ruhigem Ton. »Entweder Sie hören sofort auf, mich hier anzubrüllen, oder ich werde mich beim Betriebsrat beschweren.«

»Dann tun Sie das mal«, sagt Dettmann abfällig.

»Das werde ich.« Ich mache auf dem Absatz kehrt und lasse ihn stehen. Ich zittere vor Wut. So hat der Verkaufsleiter mich schon lange nicht mehr angeschrien – und das in aller Öffentlichkeit. Es muss etwas geschehen. Mir ihn als Otto vorzustellen reicht nicht mehr. Dettmann muss endlich einmal in die Schranken gewiesen werden.

Am nächsten Tag sitze ich bei Hilmar im Gewerkschaftsbüro und erzähle ihm von dem Vorfall. »Ich halte das nicht mehr aus. Dieser ständige Druck macht mich total fertig. Ich bin wegen Carinas Krankheit sowieso immer noch durch den Wind«, sage ich.

»Das ist Mobbing, was Dettmann mit dir macht – nichts anderes. Wehr dich dagegen: Du kannst ihn anzeigen, als Betriebsrat kannst du die Einigungsstelle anrufen – das kostet das Unternehmen ganz schön viel Geld. Wenn er nicht aufhört, kannst du ihm sogar Hausverbot erteilen.«

»Ich weiß nicht. Vielleicht sollte ich mich erst mal bei dem nächsten Vorgesetzten beschweren. Vielleicht hat Dettmann ja einen Knall und macht das alles von sich aus.«

»Oder er ist von oben auf dich angesetzt, um dich mürbe zu machen und rauszuekeln«, gibt Hilmar zu bedenken.

»Vielleicht. Aber ich will es erst noch einmal auf diesem Weg versuchen. Kannst du nicht in meinem Namen einen Brief an die Geschäftsführung schreiben? Das hat doch auch damals gut funktioniert, als sie mich nicht wie eine Filialleiterin bezahlen wollten.«

»Das kann ich gerne machen.«

Zusammen formulieren wir einen zweiseitigen Brief an den Geschäftsleiter, der von Hilmar in meinem Auftrag unterschrieben wird. Darin führen wir nur einige der Vorfälle und Beschimpfungen durch Dettmann auf und schließen mit der Aufforderung, »dass diese Mobbing-Attacken von Herrn Dettmann gegenüber Frau Schramm-de Robertis mit sofortiger Wirkung eingestellt werden«. Ein haftungsrechtliches Vorgehen gegen das Unternehmen und eine Strafanzeige gegen Dettmann behalten wir uns ausdrücklich vor.

Nach einigen Tagen erhalte ich zu Hause einen Brief der Geschäftsführung. Er habe mit Herrn Dettmann über die Vorwürfe gesprochen, schreibt Herr Kronacker darin. Dieser sei sich aber keiner Schuld bewusst. Er betrachte die Sache damit als erledigt.

So eine Dreistigkeit! Kronacker hängt seine Nummer als »Sorgentelefon« in der Filiale aus, aber wenn man sich an ihn wendet, sagt er: Eure Probleme interessieren mich nicht, ich glaube sowieso dem Verkaufsleiter. Der Geschäftsführer hat sich nicht einmal die Mühe gemacht, mit mir zu reden. Ich bin enttäuscht und wütend. Ich frage mich, warum ich überhaupt so naiv war, es wieder im Guten zu versuchen. Warum denke ich jedes Mal: Wenn die Vorgesetzten nur wüssten, was in den Filialen abgeht, würden sie sicher eingreifen? Ich mache mir darüber noch lange Gedanken. Am Ende komme ich zu dem Schluss: Wir haben mit der Betriebsratsgründung genau das Richtige gemacht. Denn all das Gerede der Lidl-Spitze, man könne sich bei Problemen an die Vorgesetzten wenden, ist in der Realität nichts wert. Wir müssen unsere Interessen schon selbst vertreten.

Das Problem ist allerdings, dass Markus als Betriebsratsvorsitzender seine Möglichkeiten nicht nutzt, um mir zu helfen. Immer wieder appelliere ich an meinen Kollegen. »Hilf mir doch endlich.«

»Was soll ich denn machen? Ich habe doch schon mit Dettmann geredet.«

»Du hast als Betriebsrat so viele Möglichkeiten, das weißt du doch.«

»Ich weiß nicht. Das gibt nur wieder so einen Ärger. Vielleicht könnt ihr das ja auch so irgendwie klären.«

In meiner Verzweiflung wende ich mich an Herrn Reimann, der »Beauftragter für Mitarbeiter und Soziales« in der Lidl-Gesellschaft ist. In einem weiteren Aushang hatte er sich bei Problemen mit Vorgesetzten als »vertrauensvoller Ansprechpartner« angeboten. Obwohl ich weiß, dass sich diese Einrichtung vor allem gegen den Betriebsrat richtet, will ich es auf diesem Weg noch ein letztes Mal versuchen. Was bleibt mir auch übrig? Eine Strafanzeige gegen Dettmann kann ich mir – insbesondere ohne die Unterstützung von Markus – nicht vorstellen. Für einen langwierigen Gerichtsprozess fehlt mir schlicht die Kraft.

Ich rufe Reimann an: »Ich würde gerne ein Gespräch mit Ihnen führen. Hätten Sie bald Zeit für mich?«

»Natürlich. Aber dass Sie als stellvertretende Betriebsrätin mich anrufen …«

»Ich habe halt ein Problem, vielleicht können Sie mir in der Sache weiterhelfen.«

»Gerne. Schließlich bin ich auch für Sie zuständig.«

Wir treffen uns in einem Café. Herr Reimann hört mir interessiert zu, als ich von meinen Erfahrungen mit Dettmann berichte.

»Ich wusste ja gar nicht, was bei Ihnen los ist. Das ist wirklich schlimm«, sagt Reimann einfühlsam.

»Ich mache das nicht mehr lange mit und sehe bald keinen anderen Ausweg mehr, als gerichtlich dagegen vorzugehen. Ich bitte Sie: Reden Sie mit Herrn Dettmann, mit der Geschäftsführung oder mit wem auch immer, und sorgen Sie dafür, dass das aufhört.«

»Ich werde mein Möglichstes tun«, versichert Reimann.

»Herr Reimann, Sie können sich entscheiden: Entweder Sie lachen mich aus, dass ich als stellvertretende Betriebsrätin bei Ihnen Hilfe suche, oder Sie unternehmen etwas. Ich weiß dann jedenfalls, wie ernst Lidl die Probleme seiner Mitarbeiter nimmt.«

So gehen wir auseinander. Danach höre ich von Reimann nichts mehr.

12

PSYCHOTERROR

Markus wird wegen Bandscheibenbeschwerden erneut krankgeschrieben – dieses Mal für längere Zeit. Wenn die Gespräche des Geschäftsführers und des »Beauftragten für Mitarbeiter und Soziales« mit Dettmann etwas bewirkt haben, dann nur, ihn zu noch schärferem Vorgehen gegen mich zu motivieren. Fast jeden Tag findet er angeblich faules Obst, abgelaufene Ware oder sonstige »Fehler«, die er mir ankreiden kann. Vor allem aber nimmt die Zahl der Spätkontrollen drastisch zu. Üblicherweise finden diese etwa zwei- bis dreimal im Monat statt. Jetzt passiert das zwei- bis dreimal pro Woche. Ohne Vorankündigung steht der Verkaufsleiter vor der Filiale, wenn wir sie nach Feierabend gerade abschließen wollen. Gemeinsam gehen wir dann wieder hinein, und Dettmann überprüft die Abrechnung, durchsucht unsere Taschen, schaut, ob alles ordentlich gesäubert, das alte Obst und Gemüse aussortiert und die Türen korrekt abgeschlossen sind. Für die Verkäuferinnen bedeutet das jedes Mal, dass sie noch später nach Hause kommen als ohnehin.

Mir ist klar: Die vielen Kontrollen sind reine Schikane. Das wird auch daran deutlich, dass Dettmann immer wieder neue Aufgaben für uns erfindet. »Ab sofort muss die Obsttheke am Abend geputzt und alle Kartons müssen weggeräumt werden«, weist er an einem Abend an.

»Aber warum denn?«, frage ich. »Wir sortieren das Obst morgen früh doch ohnehin neu ein, bevor wir öffnen. Es macht doch keinen Sinn, die Arbeit doppelt zu machen.«

»Jetzt werden Sie nicht unverschämt«, schnauzt Dettmann mich an. »Sie haben meine Anweisungen auszuführen und nicht mit mir darüber zu diskutieren. Beim nächsten Mal will ich hier keine Kartons mehr sehen. Ich werde das kontrollieren.« Dann fällt ihm noch etwas ein: »Übrigens habe ich Ihnen schon zehnmal gesagt, dass Sie die Lagerordnung einhalten müssen. Es steht ja wieder nichts da, wo es hingehört.«

Obwohl ich weiß, dass diese Kritik nichts mit meiner Arbeit zu tun hat, geht sie mir doch nah. Nach solchen Spätkontrollen komme ich oft völlig aufgelöst nach Hause. Der permanente Druck, Dettmann bloß keinen Anlass für Kritik zu geben, nagt an mir. Kurz vor Feierabend packt mich jedes Mal die Angst, Dettmann könnte wieder vor der Tür stehen.

An einem Donnerstag sage ich beim Abschließen zu meiner Kollegin Nadja: »Das war wieder ein ganz schöner Stress heute.« Weil keine von uns alleine über den dunklen Parkplatz laufen will, verlassen wir den Laden nach Feierabend immer zu zweit.

»Ich bin auch todmüde.« Nadja wirft einen Blick über die Schulter auf den Parkplatz und stöhnt. »O nein, da kommt ein Auto. Sicher wieder Kontrolle.«

Das war ja klar, denke ich. Wäre auch zu schön gewesen, nach so einem anstrengenden Tag direkt nach Hause fahren zu können. Soll wenigstens Nadja pünktlich Feierabend machen. Während wir vor der Tür auf Dettmann warten, sage ich: »Geh du doch schon mal heim.«

»Nein, ich warte«, antwortet Nadja entschieden.

Es folgt das übliche Prozedere: Taschenkontrolle, Abrechnung überprüfen, Lager und Obsttheke anschauen. Dettmann findet nichts, das er kritisieren könnte. »Ich will noch einmal ins Büro, die Arbeitspläne überprüfen«, sagt der Verkaufsleiter.

Dem fällt jedes Mal was Neues ein, denke ich. Schweigend laufe ich hinter ihm die kleine Treppe zum Büro hinauf. Nadja bleibt im Aufenthaltsraum.

Dettmann sieht sich mit kritischem Blick den Arbeitsplan an. Dieser wurde als Reaktion auf die Betriebsratswahl eingeführt. Die Anwesenheitszeiten müssen darauf handschriftlich und minutengenau notiert werden. Scharf sagt er: »Warum haben Sie hier 20.17 Uhr aufgeschrieben? Als Sie abgeschlossen haben, war es genau 20.15 Uhr – das habe ich kontrolliert. Sie haben das Unternehmen betrogen, Frau Schramm.«

Ich zeige auf die Uhr, die im Büro hängt, und sage: »Herr Dettmann, ich weiß definitiv, dass es 20.15 Uhr war, als ich das eingetragen habe. Ich habe dann noch kontrolliert, ob die Toiletten und die Lagertür hinten abgeschlossen sind. Bis wir draußen waren, sind mindestens zwei Minuten vergangen.«

Dettmann schreit: »Sie haben die Firma beschissen! Wer weiß, wie oft Sie das schon gemacht haben.«

Ich versuche, mich zu beherrschen. »Ich habe es bestimmt nicht nötig, das Unternehmen um zwei Minuten zu betrügen«, sage ich. »Was ist mit den Stunden und Minuten, die wir nicht aufschreiben – auch heute noch nicht? Wie oft passiert es, dass ich 20.15 Uhr aufschreibe, aber erst um 20.20 Uhr oder 20.30 Uhr rauskomme.«

»Tja, das ist dann Ihr Fehler.«

»Ach ja? Und soll ich in Zukunft mit einer Stoppuhr hier reingehen, oder wie stellen Sie sich das vor? Hätte ich 20.15 Uhr eingetragen und Sie hätten gesagt, ich sei 20.17 Uhr rausgegangen, hätten Sie mir das auch als Fehler angekreidet. Ich kann es demnach nie richtig machen. Also was soll das alles?«

»Geben Sie doch endlich zu, dass Sie die Firma schon immer beschissen haben.« Dettmann wird noch lauter. »Und überhaupt, wenn es Ihnen im Unternehmen nicht passt, dann hören Sie doch auf. Dann hat das Elend hier endlich ein Ende.«

Es klopft, und die Bürotür geht auf. Nadja steckt ihren Kopf durch den Spalt. Mit besorgtem Gesichtsausdruck fragt sie: »Chefin, alles in Ordnung?«

»Ist schon gut, wir sind gleich fertig«, antworte ich. Dabei könnte ich ihre Hilfe gut gebrauchen, es geht mir miserabel. Nadja macht die Tür wieder zu. Dettmann hat es tatsächlich erneut geschafft, mich so runterzuziehen, dass mir die Tränen in die Augen schießen. Ich dachte, dass er mir das nicht mehr antun könnte.

Doch der Verkaufsleiter hört nicht auf: »Das mit dem Obst schaue ich mir jetzt auch schon zu lange an. Das geht so nicht weiter. Und die Kartons liegen jedes Mal hinten, dabei habe ich Ihnen schon zigmal gesagt, dass Sie die wegräumen sollen. Sind Sie eigentlich taub, oder was? Sie sind doch völlig unfähig, eine Filiale zu leiten. Ich frage mich, wie Sie überhaupt an so eine Stelle gekommen sind. Zum Putzen reicht es vielleicht gerade noch, aber für eine leitende Position wie diese sind Sie völlig ungeeignet. Das müssten Sie doch selbst merken.«

Dettmann redet immer weiter. Mir wird schwindelig. Ich sehe eine Schere auf dem Tisch liegen. Mein einziger Gedanke: Der soll endlich aufhören, der muss endlich aufhören. Ich stehe schräg hinter Dettmann, der mir seinen Rücken zugedreht hat und auf den Arbeitsplan schaut. Für einen kurzen Moment stelle ich mir vor, wie ich die Schere nehme und zusteche.

Dann ist endlich Ruhe. Dann macht er nie wieder jemanden fertig.

Doch sofort erschrecke ich mich. Ich bin doch keine Mörderin! Was würde aus meinen Kindern werden? Ich bekomme Angst vor mir selbst. Wie kann ich auf so einen Gedanken kommen? Schluss jetzt, denke ich. Und das sage ich dann auch laut: »Jetzt ist Schluss, Herr Dettmann. Sperren Sie die Filiale ab, ich gehe.« Auf einmal habe ich mich gefangen. Es kann doch nicht sein, dass dieser Mensch mich zu einer Kriminellen macht.

»Aber Sie können doch nicht einfach gehen.«

»Doch, das kann ich. Meine Arbeitszeit ist längst vorbei.« Endlich erinnere ich mich an den Betriebsrat. »Ich als stellvertretende Betriebsrätin sage Ihnen jetzt, dass ich keine Überstunden genehmigt habe. Deshalb bin ich nicht verpflichtet, noch länger hier zu sein. Wenn Sie weiter in der Filiale bleiben wollen: Hier sind die Schlüssel.« Ich werfe den schweren Bund mit einem lauten Klirren auf den Tisch, mache die Tür zum Aufenthaltsraum auf und sage zu Nadja: »Komm, wir gehen.«

»Moment, so nicht. Sie brauchen doch den Schlüssel.« Auf einmal wirkt Dettmann verunsichert.

»Das ist mir egal. Ich werde jetzt gehen. Doch erst schreibe ich noch diese halbe Stunde auf. Dann können Sie ja nachkontrollieren und mich wieder anmachen, wenn Sie meinen.«

»Augenblick, ich komme mit raus.« Hektisch drückt er Nadja den Schlüsselbund in die Hand. Sie schließt die Bürotür ab. Ich warte im Verkaufsraum, obwohl ich nur noch wegwill. Aber ich kann meine Kollegin nicht mit dem Kerl allein lassen. Dettmann rauscht mit einem kurzen »Gute Nacht« an mir vorbei aus der Filiale. Dann kommt Nadja. Sie sagt: »Alles in Ordnung? Du bist ja fix und fertig.«

»Ich hätte das eben fast nicht mehr ausgehalten. Der hat es doch tatsächlich wieder geschafft, mich niederzumachen.«

Nadja nimmt mich in den Arm. »Jetzt geh erst mal nach Hause und ruh dich aus.« Mir tut diese Geste gut. Doch ich zittere noch immer, als ich die Ladentür abschließe. Nadja steht neben mir. Bloß schnell nach Hause, denke ich. Ich drehe mich um, und wir gehen gemeinsam über den Parkplatz. Auf einmal kommt von rechts ein Auto mit quietschenden Reifen auf uns zugefahren, die Lichter aufgeblendet. Wir springen zur Seite. »Was ist denn das für ein Irrer?«, frage ich schockiert.

»Ist der noch ganz frisch, oder was?«, sagt Nadja.

»Wer war das?«

»Dettmann, glaub ich, das war doch sein blauer Audi.«

»Meinst du wirklich? Dreht der jetzt völlig durch?«

Nadja bringt mich zu meinem Auto. »Soll ich dich nach Hause fahren?«, fragt sie sorgenvoll.

»Vielen Dank. Ich schaffe das schon.«

Auf dem Nachhauseweg gehen mir viele Gedanken durch den Kopf. Warum macht der das? Warum will der mich fertigmachen? Was mache ich jetzt? Gehe ich morgen wieder hin oder gebe ich auf? In ein paar Wochen sind wieder Betriebsratswahlen. Wahrscheinlich will er mich bis dahin raushaben. Wenn ich weg bin, kandidiert Markus bestimmt nicht mehr. Und wenn der es nicht macht, tut es auch keiner von den anderen. »Uli«, sage ich laut zu mir selbst, »du hältst das durch.« Ich werde weitermachen. Und ich werde kandidieren.

Am nächsten Tag muss ich mich mit aller Kraft zwingen, wieder zur Arbeit zu fahren. Als ich in den Aufenthaltsraum komme, sitzen mehrere Kolleginnen mit ernsten Gesichtern zusammen. Nadja hat offenbar schon länger geredet: »Das war der Wahnsinn. Dettmann hat die Chefin so laut angeschrien – das könnt ihr euch gar nicht vorstellen. Und auf dem Parkplatz hätte uns fast noch ein Auto überfahren. Ich glaube, das war der Audi vom Dettmann.« Sie ist immer noch ganz aufgeregt. Zu mir sagt sie: »Ich hätte das nie so lange im Büro mit dem ausgehalten.«

»Würdest du bezeugen, was du erlebt hast?«

»Natürlich mache ich das. Ich habe es ja mit eigenen Augen gesehen und selbst gehört.«

Die anderen Kolleginnen sind betroffen. Andrea sagt leise: »Und wir haben dir das, was du über Dettmann erzählt hast, nie so ganz geglaubt. Wir haben gedacht, du spinnst ein bisschen rum und willst dich wichtigmachen. Jetzt wissen wir, dass es stimmt. Wir stehen auf deiner Seite.«

»Mensch, Uli«, meint Nadja, »bleib doch erst mal ein paar Tage zu Hause.«

»Aber ich kann euch doch nicht hängen lassen.«

»Ach was, wir kriegen das schon hin. Kümmere du dich mal um dich.«

»Ich kann gerne einspringen, wenn du ein paar Tage Urlaub nimmst«, bietet Beate an.

Die Unterstützung tut mir unglaublich gut. Endlich stehe ich nicht mehr alleine. Tatsächlich nehme ich Urlaub. Ich muss vor der nächsten Konfrontation mit Dettmann wieder zu Kräften kommen.

Durch die monatelangen Auseinandersetzungen habe ich mehr als acht Kilo Gewicht verloren. Kein Wunder, da ich kaum noch esse. Oft muss ich mich erbrechen. Ich habe Schlafstörungen. Um überhaupt ausruhen zu können, nehme ich regelmäßig Schlafmittel. Tag und Nacht rattert es in meinem Kopf. »Dettmann« wird für mich zum Inbegriff des Bösen.

Aber ich kann nicht aufhören. Nach der Woche bin ich etwas erholt. Nur bis zur Wahl durchhalten, denke ich. Ich versuche, Dettmann aus dem Weg zu gehen. Wenn er sich ankündigt, nehme ich mir möglichst frei. Wenn er im Büro sitzt, schicke ich meine Stellvertreterin hin, um die notwendigen

Dinge mit ihm zu klären. Meine Kolleginnen stehen jetzt voll hinter mir und tun alles, um mir das Leben zu erleichtern.

Doch Dettmann gibt nicht auf. An Silvester sitze ich ab 8 Uhr an der Kasse. Wie immer an solchen Tagen arbeiten wir in kleiner Besetzung. Alle sind gestresst, weil sich Massen an Kunden durch den Laden schieben, die für die abendliche Feier noch letzte Besorgungen machen. Ich muss schon lange auf Toilette, aber Dettmann ist in der Filiale – da halte ich lieber aus. Kurz nach 13 Uhr kann ich nicht mehr und lasse mich ablösen. Nach der Toilette gehe ich in den Aufenthalts-raum und setze mich auf einen der Stühle. Ich stecke mir eine Zigarette an, die erste seit fünf Stunden. Prompt kommt Dettmann hinein und schießt los: »Was machen Sie denn da? Draußen ist der Teufel los. Da werden Sie doch nicht hier rumsitzen und gemütlich eine rauchen wollen?!«

»Herr Dettmann, ich bin seit 8 Uhr ununterbrochen an der Kasse. Wenn Sie mir das nicht glauben, können Sie gerne die Kolleginnen fragen. Ich habe nach vier Stunden Anrecht auf eine Pause. Es sind fünf Stunden rum, und deshalb nehme ich mir jetzt meine Pause.«

»Nein. Sie gehen jetzt sofort raus und putzen die Einkaufs-wagen.«

»Wie bitte?«

»Sie haben mich verstanden. Stehen Sie auf und putzen Sie die Einkaufswagen. Das ist eine Arbeitsanweisung.«

Ich muss all meine Willenskraft aufbieten, um mich zu be-herrschen. Entschlossen sage ich: »Wissen Sie was, Herr Dett-mann? Ich werde jetzt eine Viertelstunde Pause machen, wie es mir zusteht. Danach können Sie mir wieder Anweisungen geben.«

»Wie Sie meinen«, zischt der Verkaufsleiter, macht auf dem Absatz kehrt und geht hinaus.

Ich hole tief Luft. Wieder fühle ich mich so erniedrigt. Aber ich muss ruhig bleiben. Der will doch nur, dass ich durchdrehe.

Dann kommt Markus rein, der mittlerweile wieder gesund ist. »Was ist denn mit dir los?«, fragt er. Offenbar sieht man mir an, wie mitgenommen ich bin.

Ich bin froh, jemand zum Reden zu haben. »Weißt du, was mir Dettmann gerade gesagt hat: Ich soll die Einkaufswagen putzen.«

»Was? Bist du sicher?«

»Natürlich. Ich habe doch keinen Hörfehler. Der hat gesagt, das sei eine Arbeitsanweisung.«

»Und was machst du jetzt?«

»Du glaubst doch nicht, dass ich an so einem Tag Einkaufswagen putze?! Die Kollegen sind froh, wenn sie zwischendurch mal auf Toilette gehen können. Ich werde Annegret an der Kasse ablösen.«

Dettmann lässt sich an dem Tag nicht mehr blicken.

Irgendwie überstehe ich die nächsten Wochen. Andrea, Beate und ich werden zum Wahlvorstand für die Betriebsratswahl gewählt. Gemeinsam besuchen wir ein Seminar in München, das uns auf die Formalitäten vorbereiten soll. Dieses Mal müssen wir alles selbst organisieren – ohne Hilmar, er hat schließlich nicht nur unseren Betrieb zu betreuen. Wir nehmen das Bayern-Ticket. Statt zweieinhalb Stunden mit dem ICE brauchen wir fünf mit dem Bummelzug. So sparen wir Lidl ein paar Euro.

Die Wahl findet am 28. März 2006 statt. Es ist der 16. Geburtstag meiner Tochter Carina, die sich von ihrer Hirnhautentzündung erholt hat. Auf dem Wahlzettel stehen dieselben Kandidaten wie beim vorangegangenen Mal. Wir basteln eine Wahlurne aus Karton und machen sie mit Klebeband zu. Ich bin guter Stimmung. Jetzt bin ich mir sicher: Es wird wieder einen Betriebsrat geben. Alle Versuche Dettmanns, das zu verhindern, sind fehlgeschlagen.

Um 20 Uhr haben alle gewählt. Der Wahlvorstand und die Kolleginnen, die Spätschicht haben, kommen im Aufenthaltsraum zur öffentlichen Stimmauszählung zusammen. Andrea faltet den ersten Zettel, sagt »Lehmann« und reicht ihn an Beate weiter, die ihn noch einmal kontrolliert. Ich mache einen Strich auf einem Zettel unter Markus' Namen. Die nächsten vier Stimmen gehen an mich. Danach kommen einmal Andrea und noch einmal Markus. Doch dann heißt es fast nur noch: »Schramm-de Robertis.« Ich bin gewählt.

Als Vorsitzende des Wahlvorstands rufe ich Kronacker an und teile ihm das Resultat mit. Sobald der Geschäftsführer am Apparat ist, brechen die anwesenden Kolleginnen in lauten Jubel aus. Offenbar wollen sie ihm klarmachen, dass hier Feierstimmung herrscht. »Sie werden noch eine schriftliche Mitteilung über das Wahlergebnis bekommen. Und ich nehme an, dass sich der neue Betriebsrat morgen bei Ihnen melden wird«, sage ich mit einem Schmunzeln. Meine Kolleginnen lachen laut.

»Vielen Dank, dass Sie mich gleich informiert haben«, sagt Kronacker. Amüsiert fügt er hinzu: »Teilen Sie dem neu gewählten Betriebsrat meine Glückwünsche mit.«

Ich bin stolz und glücklich. Doch dann denke ich an Markus. Vielleicht glaubt er, dass ich seine langen Krankschreibungen dazu genutzt habe, um Stimmung gegen ihn zu machen. Als wir einen Moment Ruhe haben, spreche ich ihn darauf an. »Ach was«, sagt er, »glaubst du etwa, ich habe dich nicht gewählt?« Mir fällt ein Stein vom Herzen.

Lange halte ich mich nicht mehr in der Filiale auf. Ich habe meiner Tochter Carina versprochen, so schnell wie möglich nach Hause zu kommen. Schließlich feiert sie ihren 16. Geburtstag. Und das ist mir jetzt wichtiger als alles andere. Es ist der erste Abend seit langer Zeit, an dem ich richtig glücklich bin.

Am nächsten Morgen schließe ich beschwingt die Filiale auf. Wie immer sortieren wir zuerst das Obst und Gemüse. Aber dieser Tag ist nicht wie jeder andere. Wir schwatzen, scherzen und lachen viel. Noch vor Ladenöffnung klingelt das mobile Telefon in meiner Schürzentasche, als ich gerade vom Lager ins Büro unterwegs bin. Es ist Herr Kronacker.

»Ich möchte Sie zunächst noch einmal zu Ihrer Wahl beglückwünschen«, beginnt der Geschäftsführer. »Gleichzeitig möchte ich Ihnen mitteilen, dass sich in Ihrer Filiale etwas verändern wird: Herr Dettmann ist ab sofort nicht mehr für Sie als Verkaufsleiter zuständig.«

Ich bin sprachlos und stammele nur irgendetwas. Nachdem ich aufgelegt habe, platze ich fast vor Freude. Ich gehe zur Obsttheke, wo meine zwei Kolleginnen stehen. Ich strahle übers ganze Gesicht und rufe »Ja. Der erste Sieg! Der erste Sieg!«

»Was ist denn los?«

Genüsslich sage ich: »Herr Dettmann ist ab heute nicht mehr unser Verkaufsleiter.«

Die Mädels brechen in lautes Geschrei aus, wir fallen uns in die Arme. Bei jeder neu eintreffenden Mitarbeiterin wiederholt sich die Szene.

Andrea gibt zu bedenken: »Wer weiß, wer jetzt kommt. Vielleicht wird das ein noch größerer Arsch.«

»Ach was, schlimmer kann es auf keinen Fall werden«, meint Maria sofort.

»Das werden wir sehen. Auf jeden Fall sind wir Dettmann endlich los«, sage ich. »Seht ihr: Es geht doch. Man muss sich nicht alles gefallen lassen. Durchhalten lohnt sich.«

Die Versetzung Dettmanns ist für mich der erste wirkliche

Erfolg. Die Bezahlung der Überstunden, die Verbesserung der Verträge – alles, was wir bisher erreicht haben – verblasst im Vergleich dazu, dass wir uns gegen diesen Verkaufsleiter durchgesetzt haben.

13

AUFBAUHILFE

Endlich hat das permanente Mobbing ein Ende. Dettmanns Nachfolger als Verkaufsleiter wird Herr Reimann, der mir seinerzeit als »Beauftragter für Mitarbeiter und Soziales« nicht wirklich geholfen hatte. Die Zusammenarbeit ist zwar nicht frei von Konflikten, aber viel entspannter als mit Dettmann. Reimann versucht mehrfach, die Beschlüsse des Betriebsrats mit formalen Winkelzügen zu behindern. Dennoch können wir weitere Verbesserungen für die Mitarbeiter durchsetzen. So wird bei einigen Kolleginnen die Stundenzahl im Vertrag nochmals erhöht. Inventuren werden jetzt nicht mehr nach 20 Uhr durchgeführt. Und wir versuchen, die Arbeitspläne im Sinne der Beschäftigten zu optimieren: Teilzeitangestellte sollen zum Beispiel möglichst zu längeren Schichten eingeteilt werden, sodass sie nicht so oft in die Filiale kommen müssen.

Markus und ich bekommen jedoch weiter zu spüren, dass Betriebsräte bei Lidl nicht erwünscht sind. Durch Zufall findet mein Kollege heraus, dass wir schlechter bezahlt werden als die Leiter anderer Filialen, die offenbar übertarifliche Zulagen erhalten. Als Markus den Verkaufsleiter darauf anspricht, antwortet dieser lapidar: »Das hätten Sie sich früher überlegen sollen.«

Die Angst vor der Gründung weiterer Betriebsräte treibt skurrile Blüten. In einem Schreiben wird uns mitgeteilt, dass die Filialleiter demnächst im Umgang mit Computern geschult werden, da beispielsweise Abrechnungen demnächst nicht mehr auf Papier erstellt werden sollen. Zwei Wochen später – Markus ist gerade in Urlaub – ist es so weit: Reimann teilt mir mit, ich solle am Mittwoch um 10 Uhr in der Zentrale zum Lehrgang erscheinen.

Pünktlich betrete ich das Gebäude der Lidl-Gesellschaft in E. Auf der linken Seite sind Büroräume, fast alle Türen sind offen. Ein junger Mann in hellem Hemd und Krawatte steht in einem der Zimmer. Ich klopfe an den Türrahmen und sage: »Grüß Gott, hier soll heute die Back-Office-Schulung stattfinden. Können Sie mir bitte sagen, wo?«

»Gehen Sie in den ersten Stock, dann rechts und sofort wieder links und durch die große Tür.«

»Ist gut, vielen Dank.«

Auf dem Weg begegne ich ausschließlich jungen Menschen. Kein Einziger ist auch nur annähernd so alt wie ich. Bei Telefonaten hatte ich mir die Mitarbeiter der Zentrale immer anders vorgestellt – und hier sehe ich, was für Jungspunde das in Wirklichkeit noch sind. Ich klopfe an die besagte Tür und drücke sie langsam auf. Vor mir liegt ein großer Konferenzsaal mit in U-Form aufgestellten Tischen. An der Fensterseite stehen auf einem Rollwagen aufgereihte kleine Getränkeflaschen, daneben Gläser und Tassen. Am Kopfende des Tisches sehe ich einen Projektor und ein Flipchart. Doch es ist kein Mensch in dem Raum. Ich schaue auf meine Armbanduhr und zur Sicherheit noch einmal auf die Uhr an der Wand: Es ist Punkt 10 Uhr. Wo sind denn die anderen Filialleiter? Vielleicht habe ich mich im Datum oder in der Zeit geirrt? Unsicher setze ich mich auf einen der vielen Stühle und warte ab. Zehn Minuten vergehen. Endlich geht die Tür auf und eine Anfang 20-jährige Frau mit braunen, langen Haaren kommt schwungvoll herein. Sie sagt: »Hallo, Sie sind Frau Schramm-de Robertis? Entschuldigen

Sie bitte die Verspätung, ich habe im Stau gestanden. Aber jetzt können wir anfangen.«

»Soll ich hier etwa ganz alleine geschult werden?«, frage ich belustigt.

»Ich weiß auch nicht genau, wie das kommt. Ich frage noch mal nach«, sagt sie und geht hinaus.

Nach wenigen Minuten ist sie wieder da: »Das hat alles seine Richtigkeit, Frau Schramm-de Robertis. Dann machen wir die Schulung eben zu zweit, das geht auch schneller.«

Jetzt glaube ich zu wissen, was das Ganze soll: Die Firma will unter allen Umständen verhindern, dass ich mit Kollegen aus anderen Regionen zusammentreffe. Es ist, als hätte ich eine ansteckende Krankheit und müsste in Quarantäne gehalten werden – eine Krankheit namens Betriebsrat. Die Lidl-Manager haben offenbar eine Heidenangst, dass unser Beispiel Schule machen könnte.

Die Befürchtung der Lidl-Manager ist nicht unbegründet. Seit der Veröffentlichung des »Schwarzbuchs Lidl« im Juni 2006 macht ver.di gemeinsam mit globalisierungskritischen Gruppen und sozialen Initiativen die Arbeitsbedingungen bei dem Discounter in der Öffentlichkeit zum Thema. Ehrenamtliche Gewerkschaftsaktivisten versuchen, Kontakt zu Lidl-Verkäuferinnen aufzunehmen und sie über ihre Rechte aufzuklären. Strategisches Ziel ist der Aufbau von Betriebsräten, die die Interessen der Belegschaft vertreten und die Einhaltung der Gesetze und Tarifverträge überwachen können.

Ich bin seit der Schließung der Lidl-Filiale in Calw und der Ausgliederung des Markts in F. bundesweit die einzige gewerkschaftlich engagierte Betriebsrätin im Konzern. Daher ist es wichtig, dass ich den Aktivisten der Kampagne meine Erfahrungen weitergebe. Auf verschiedenen Treffen erzähle ich vom Alltag in den Filialen und gebe Tipps, wie die Verkäuferinnen angesprochen werden können. Ich muss dafür zwar in andere Städte fahren und meine Freizeit opfern, aber diese Veranstaltungen machen mir auch großen Spaß. Die ehrenamtlichen Helfer – von Studenten über Hausfrauen bis zu Rentnern und Erwerbslosen – fragen mir Löcher in den Bauch. Sie engagieren sich, obwohl sie selbst mit Lidl gar nichts zu tun haben. Ich bewundere das. Außerdem nutze ich diese Gelegenheiten gerne, um andere Städte kennenzulernen. Ich gehe dann abends gemütlich Essen und amüsiere mich.

Bei einem dieser Treffen in Berlin nimmt mich die Aktivistin Susanne aus Baden-Württemberg zur Seite. Sie arbeitet bei einer Krankenkasse und ist seit Längerem in ihrer Freizeit bei ver.di aktiv. »Wir haben recht guten Kontakt zu Lidl-Kollegen in mehreren Filialen aufgebaut«, berichtet sie. »Wir haben ihnen von dir erzählt und die Artikel über dich gezeigt. Sie würden dich gerne kennenlernen«, sagt Susanne. Das Fachblatt *Lebensmittel-Praxis* hatte zuvor ein ausführliches Interview mit mir abgedruckt. Auch die linke Tageszeitung *junge Welt* brachte ein ausführliches Porträt über mich.

»Wenn euch das hilft, komme ich gerne nach S.«, antworte ich. Wir tauschen Telefonnummern aus.

Wenig später meldet sich Susanne bei mir: »Es ist so weit«, sagt sie. »Wir wollen die Kollegen zu einem Lidl-Frühstück einladen. Es wäre klasse, wenn du am Sonntag in zwei Wochen kommen könntest.«

»Gerne. Aber was erwartet ihr von mir?«

»Du sollst nur ein bisschen über deine Erfahrungen reden und darüber, was sich bei euch durch den Betriebsrat verbessert hat. Wir wollen die Frage der Betriebsratsgründung aber noch nicht offen ansprechen. Die Leute sind noch nicht so weit. Wichtig ist vor allem, dass sich alle wohlfühlen und es eine lockere Atmosphäre gibt.«

An dem verabredeten Termin steige ich morgens ins Auto. Auf der Fahrt bin ich nervös. Wie werden die Leute auf mich reagieren? Von den Vorgesetzten bei Lidl wird mir stets vermittelt, dass ich eine Gefahr bin, die man besser meidet. Und auch die Kollegen aus anderen Filialen gehen auf Distanz und sind mir gegenüber selbst am Telefon meist kurz angebunden. Ich vermute, sie haben Angst, dass der Kontakt mit einer Betriebsrätin bei den Vorgesetzten ein schlechtes Licht auf sie werfen könnte. Ob das heute genauso sein wird? Andererseits sind schließlich sie es, die mich kennenlernen wollen. Auch sonst bin ich mir unsicher. Was soll ich ihnen denn erzählen? Die große Rednerin bin ich ja nun auch nicht. Hoffentlich enttäusche ich Susanne und die anderen nicht.

Das Treffen findet ganz oben in einem Turm am Hauptbahnhof in S. statt. Wir fahren mit dem Aufzug hoch und betreten ein schickes Café. Susanne kommt sofort auf mich zu und umarmt mich herzlich. Gleich merke ich, wie meine Nervosität nachlässt. Nach und nach kommen Leute herein, Lidl-Beschäftigte und Aktivisten der Kampagne. Als wir uns an den schön gedeckten Frühstückstisch setzen, sind wir insgesamt 16 Personen, 11 davon Lidl-Kollegen aus verschiedenen Filialen der Region. Am Anfang ist die Atmosphäre ein wenig steif. Aber nachdem wir mit einem Orangensaft angestoßen haben, wird die Stimmung bald gelöster.

Susanne sagt feierlich: »Wir haben heute einen Ehrengast.« Sie zeigt auf mich. »Das ist Ulrike Schramm-de Robertis. Viele von euch haben sicher schon von ihr gehört. Sie ist Betriebsrätin bei Lidl in B.«

Alle klatschen. Ich spüre, wie mir die Röte ins Gesicht steigt. Jetzt muss ich etwas sagen. »Vielen Dank für die Einladung«, beginne ich. »Es freut mich, dass ich auch mal Lidl-Mitarbeiter aus einer anderen Region kennenlerne. Wir können ja jetzt erst einmal gemeinsam essen, und wer Fragen hat, kann mich gerne ansprechen.« So haben Susanne und ich es vorher verabredet. Wir wollen die Hemmschwelle möglichst niedrig halten. Wir frühstücken und schwatzen dabei.

Nach einer Weile meint eine Kollegin: »Einen Betriebsrat habe ich mir anders vorgestellt, irgendwie überheblich und so.«

Ich weiß einen kurzen Moment lang nicht, was ich sagen soll. Dann erkläre ich: »Ich mache dieselbe Arbeit wie ihr, sortiere das Obst, lade die Paletten ab – genau wie ihr alle. Der einzige Unterschied für mich als Betriebsrätin ist, bei Problemen für meine Mitarbeiter da zu sein.«

»Warum habt ihr das mit dem Betriebsrat denn gemacht?«, fragt eine Verkäuferin.

Daraufhin erzähle ich meine Geschichte und spreche darüber, was meine Kollegen mitgemacht haben. Ich berichte davon, wie ich nach meiner Krankheit nicht mehr als Filialleiterin eingesetzt wurde. Von den Schikanen und dem Mobbing. Von ständigen Überstunden und dem Gebrüll des Verkaufsleiters. Es ist das erste Mal, dass ich so offen meine persönlichen Erlebnisse und Gefühle schildere. Alle hören gespannt zu. Keiner rührt das Essen mehr an. Immer wieder nicken die Lidl-Mitarbeiter zustimmend.

»… aus all diesen Gründen haben wir einen Betriebsrat gegründet«, sage ich. »Und es hat sich gelohnt. Jetzt gibt es keine unbezahlten Überstunden mehr, die Mädels werden nicht mehr angeschrien.« Ich berichte, wie sich die Atmosphäre in der Filiale in den vergangenen Monaten verändert hat, was wir mit dem Betriebsrat erreichen konnten. Ich rede einfach so, wie es mir in den Sinn kommt: »Es liegt an euch, auch ihr könnt eure Situation verändern, indem ihr einen Betriebsrat wählt.« Eigentlich sollte ich das »B-Wort« gar nicht erwähnen. Doch die Kollegen reagieren nicht geschockt, wie Susanne befürchtet hatte. »Wenn ihr einen Betriebsrat habt, können sie nicht mehr alles mit euch machen, dann müssen sie euch als Menschen behandeln.« Ich rede viel länger als verabredet. Dennoch hören alle bis zum Schluss aufmerksam zu.

Als ich fertig bin, sagt ein Kollege: »Uns geht es hier ganz genauso. Aber wir haben Angst, dass sie uns rausschmeißen, wenn wir was dagegen machen.«

»Wir hatten damals auch riesige Angst«, gebe ich zu. »Aber wenn ihr den Kopf einzieht und schweigt, hilft euch das auf Dauer auch nicht. Irgendwann seid ihr dem Unternehmen vielleicht zu alt oder ihr werdet krank. Dann schmeißen sie euch womöglich ganz schnell raus. In diesem Fall kann euch der Betriebsrat unterstützen. Sucht euch ein paar Leute, denen ihr vertraut und mit denen ihr das gemeinsam durchzieht. ver.di wird euch helfen. Und mich könnt ihr auch immer anrufen.«

In der Pause gehen fast alle auf die Terrasse, um zu rauchen. Viele sprechen mich an und berichten davon, dass sie in ihrer Freizeit zum Putzen in den Laden kommen müssen, dass sie nicht wissen, wie sie ihre Kinder von der Kita abholen sollen, welche Angst sie vor ihrem Verkaufsleiter haben. Die Geschichten sind identisch mit meinen Erlebnissen. Spätestens jetzt wird mir klar: Die Methoden sind offenbar überall die gleichen.

Auf der Heimfahrt bin ich einerseits glücklich. Ich habe alles erzählt, und offensichtlich haben mir die Leute geglaubt. Im Hinterkopf habe ich immer noch die unangenehme Erinnerung, dass mir selbst die Kolleginnen in meiner Filiale die Geschichten mit Dettmann lange nicht abgenommen hatten. Andererseits habe ich ein schlechtes Gewissen. Was, wenn sie einen Betriebsrat gründen und den Druck nicht aushalten? Was, wenn sie entlassen werden? Dann habe ich sie dazu bewegt. Ich versuche diesen Gedanken zu verdrängen.

Es stimmt doch: Wenn sie sich nicht wehren, wird es bleiben, wie es ist.

Kaum zwei Wochen später ruft Susanne mich an: »Uli, das war ein voller Erfolg. Stell dir vor: In einer Filiale wollen sie einen Betriebsrat gründen.« Sie ist überglücklich. »Die ganze Arbeit, immer wieder in die Filiale zu latschen, hat sich gelohnt. Aber dein Besuch war entscheidend. Du warst so super. Du hast den Leuten Mut gemacht, sich nicht mehr alles gefallen zu lassen.«

»Die Hauptarbeit habt ja wohl ihr gemacht«, sage ich bescheiden. Tatsächlich platze ich fast vor Stolz. Offenbar kann ich die Menschen davon überzeugen, dass sie Betriebsräte brauchen.

Noch einmal fahre ich nach S., wo ich mich mit den zwei Initiatoren der Betriebsratswahl treffe. Jetzt geht es nicht mehr um das Ob, sondern um das Wie. Wir diskutieren, wie das Unternehmen reagieren könnte, mit welchen Repressalien die Kollegen zu rechnen haben. Gemeinsam planen wir im Detail das Vorgehen. Meine Erfahrungen helfen dabei.

Es ist gut, dass die Kollegen vorbereitet sind, denn das Unternehmen setzt alles daran, die Wahl durch Einschüchterung zu verhindern – ohne Erfolg. Am 5. Oktober 2007 findet die Betriebsratswahl statt. Ich bin völlig aufgekratzt. Am liebsten würde ich hinfahren. Da das nicht geht, ruft mich Oskar, einer der ehrenamtlichen Unterstützer, stündlich an und berichtet mir den neuesten Stand. Schließlich ist klar: Es gibt bei Lidl einen weiteren Betriebsrat. Da die Filiale mehr als 20 Mitarbeiter hat, werden drei Personen in das Gremium gewählt. Es ist die erste dreiköpfige Interessenvertretung im Konzern.

Doch die Lidl-Manager machen nach der Wahl weiter Druck – und die Kollegen machen mehr mit, als ich es musste. Die Betriebsräte werden sogar in ihrer Freizeit von

Detektiven verfolgt, wie sich später herausstellt. Mit einer Anfechtung vor Gericht versucht der Konzern, die Wahl für ungültig erklären zu lassen. Doch bevor das Verfahren durch die Instanzen gegangen ist, wird im Frühjahr 2009 erneut gewählt. Die Neuwahl bringt wiederum eine gewerkschafts- nahe Mehrheit.

Kurz nach meinem Auftritt in S. ruft ein ver.di-Mann aus H. an und lädt mich ebenfalls zu einem Treffen mit Lidl- Verkäuferinnen ein. Es läuft so ab wie in S. Ich erzähle, was mir passiert ist und wie wir einen Betriebsrat gewählt ha- ben. Die Berichte der Kollegen machen klar: Ob im Süden oder Norden – die Bedingungen bei Lidl sind überall ähn- lich. Die Beschäftigten in H. wirken auf mich jedoch weniger entschlossen. Ob sie es tatsächlich wagen werden? Ich bin skeptisch.

Doch wenige Tage nach dem Treffen kommt der Anruf: »Sie wollen wählen.« Die erste Betriebsratswahl in einer Lidl-Filiale in H. ist für den 1. November 2007 angesetzt. Die Beschäftigten bekommen prominente Unterstützung: Der Schauspieler Rolf Becker und andere bekannte Persönlich- keiten beteiligen sich an Mahnwachen und Aktionen. Die öffentliche Aufmerksamkeit ist sehr wichtig – nicht nur, um den Kollegen den Rücken zu stärken, sondern auch, um den Konzern von offenen Einschüchterungsversuchen abzuhalten. Dennoch versucht die Lidl-Spitze auch hier, die Wahl durch eine Anfechtung annullieren zu lassen. Doch ohne Erfolg: Das Arbeitsgericht bestätigt die Rechtmäßigkeit der Wahl.

Ein Jahr darauf gelingt ver.di in H. ein weiterer Erfolg: Im Lidl-Markt eines anderen Stadtteils wird der zweite Be- triebsrat gewählt – mit breiter Unterstützung der lokalen Bevölkerung und mehrerer Prominenter. Die Beschäftigten haben aus unseren Erfahrungen gelernt: Unmittelbar nach der Wahl bilden sie einen Gesamtbetriebsrat – den ersten im

Lidl-Konzern überhaupt. So sind auch die Belegschaften der rund 40 weiterer Lidl-Märkte in der Großstadt nicht mehr ganz ohne Interessenvertretung. Auch in einem weiteren baden-württembergischen Markt wird zwischenzeitlich eine Interessenvertretung der Belegschaft gegründet.

Zum Zeitpunkt der Drucklegung dieses Buches bestehen bei Lidl damit aber immer noch weniger als zehn Betriebsräte – bei mehr als 3000 Filialen.

14

SKANDALE OHNE ENDE

Lidl macht immer wieder schlechte Schlagzeilen. Für Wirbel sorgt beispielsweise der sogenannte Greenpeace-Skandal. Die Umweltorganisation testet 2005 Obst und Gemüse in Supermärkten auf Pestizidrückstände. Das Ergebnis: Lidl landet auf dem letzten Platz. Die Folgen spüren wir auch in unserem Markt, der Obst- und Gemüseabsatz geht merklich zurück. Doch beim zweiten Test nach etwas mehr als einem Jahr erreicht der Discounter plötzlich Platz eins. Laut Greenpeace hat ein Programm zur Reduzierung von Pestizidrückständen binnen kürzester Zeit dafür gesorgt, dass die Lidl-Produkte nun am besten bewertet werden. Jetzt läuft das Geschäft mit dem Obst und Gemüse bei uns besser als je zuvor. Zugleich nehmen wir ein neues Produkt ins Sortiment auf: das *Greenpeace-Magazin*. Es erscheint alle zwei Monate und kostet 4,90 Euro. Allerdings wird das Heft fast nie gekauft. Wir werden angewiesen, die Remittenden nicht wie sonst bei Zeitschriften üblich an den Zulieferer zurückzugeben. Stattdessen schicken wir sie an die Zentrale unserer Vertriebsgesellschaft oder werfen die Hefte gleich ins Altpapier.

An einem Mittwoch im Juni 2007 nimmt mich eine Kollegin bei der Arbeit zur Seite. »Heute ist Lidl im Fernsehen«, sagt sie geheimnisvoll.

»Ach ja? Wollen sie zeigen, was für einen Stress wir hier haben?«, frage ich.

»Leider nicht. Es geht um das Obst und diese *Greenpeace-Magazine*. Das habe ich in einer Ankündigung gelesen.«

Gespannt sitze ich am Abend vor dem Fernseher. *Stern-TV* deckt auf, dass 60 000 Exemplare des *Greenpeace-Magazins* in den Lidl-Filialen angeboten werden. Verkauft werden die Hefte selten, heißt es in dem Bericht. Zudem verzichte Greenpeace auf das Rückgaberecht übrig gebliebener Exemplare. Der Verdacht: Greenpeace habe sich kaufen lassen und das Obst aus diesem Grund besser bewertet. Moderator Günther Jauch kritisiert zudem, das Drucken unverkäuflicher Hefte sei nicht sonderlich ökologisch, da für Produktion und Recycling eine große Menge Wasser und Energie verbraucht werde.

Am nächsten Tag ist der TV-Bericht das Thema Nummer eins in der Filiale. Auch viele Kunden sprechen uns darauf an. Lidl und vor allem Greenpeace haben in den folgenden Wochen ein ernsthaftes Imageproblem. Die Umweltorganisation dementiert entschieden jeglichen Zusammenhang zwischen der Aufnahme der Magazine ins Lidl-Sortiment und dem Abschneiden des Unternehmens im Pestizid-Ranking. Dies sei durch einen weiteren Test bestätigt worden. Der Verkauf der Hefte bei dem Discounter wird dennoch sofort eingestellt.

Für mich spielt das Thema bald keine Rolle mehr. Ich habe meine eigenen Sorgen. Mit dem neuen Verkaufsleiter Reimann verstehe ich mich zwar viel besser als zuvor mit Dettmann, Konflikte gibt es dennoch. Der Konzern ist es einfach nicht gewohnt, mit Betriebsräten umzugehen. An diesem Tag haben wir eine Meinungsverschiedenheit über die Gestaltung der Arbeitspläne. »Sie können nicht nur die Interessen der Mitarbeiter berücksichtigen, sondern müssen auch die des Unternehmens sehen«, sagt Reimann.

Wir sind im Lager, ich ordne die gerade angelieferten Paletten. »Das tue ich ja, aber ich muss doch auch Rücksicht nehmen, wenn eine Kollegin Kinder hat und bestimmte

Abende regelmäßig frei braucht. Die Firma sagt doch selbst ständig, dass ihr die Vereinbarkeit von Familie und Beruf am Herzen liegt.« Ich ziehe an einem elektrischen Hubwagen – alle nennen ihn »Ameise« –, auf dem eine schwere Palette steht.

»Aber das geht so nicht, Frau Schramm. Wir können doch nicht einzelnen Mitarbeitern an bestimmten Abenden per se frei geben.«

Reimann ist wieder einmal hartnäckig. Seit einer Viertelstunde diskutieren wir jetzt schon darüber, ob Birgit dienstags früher Feierabend machen kann. Ich bin mittlerweile ganz schön geladen. Hektisch ziehe ich an der »Ameise« und laufe dabei rückwärts. Reimann redet weiter auf mich ein. Plötzlich stoße ich mit dem Rücken gegen eine Wand. Der Hebel des Hubwagens schiebt sich mir in den Bauch. Doch die Ameise lässt sich nur anhalten, wenn der Arm hochschnappt. Da er eingeklemmt ist, fährt das schwere Gerät immer weiter. Ich spüre einen stechenden Schmerz im rechten Fußgelenk, das unter dem Druck des Hubwagens nach rechts gedreht wird.

»Um Gottes willen, Frau Schramm!«, ruft Reimann und eilt mir zu Hilfe. Irgendwie schafft er es, das Gerät von mir wegzudrücken.

Mein Fuß ist völlig verdreht, er tut schrecklich weh. Reimann ruft sofort einen Krankenwagen. In der Klinik wird der Fuß eingerenkt und ruhiggestellt.

Wochenlang kann ich nur mit Krücken und unter Schmerzen laufen. Der Fuß ist permanent geschwollen. Meine Zehen kann ich nicht bewegen. »Können Sie da nichts machen?«, flehe ich den Arzt an. »Ich muss doch irgendwann wieder arbeiten.«

»Ich hatte gedacht, wir könnten eine OP vermeiden. Aber da es nicht besser wird, müssen wir wohl doch operieren«, meint der Mediziner.

Das ist eine gute Entscheidung. Einige Wochen nach der OP geht es mir schon besser. Die Schwellung geht langsam zurück, und ich kann mittlerweile ohne Krücken laufen.

Während meiner Abwesenheit wechselt im Dezember wieder einmal unser Verkaufsleiter. Herr Reimann ruft mich zum Abschied extra an. Er hat immer noch ein schlechtes Gewissen, weil er sich mitschuldig fühlt an meinem Unfall. Seinen Nachfolger, Herrn Hübner, kenne ich nicht. Trotz meiner Krankschreibung übe ich mein Betriebsratsmandat weiter aus. Schließlich bin ich nicht bettlägerig. Im Februar 2008 steht turnusgemäß die Betriebsversammlung unserer Filiale an. Bei dieser Gelegenheit treffe ich Herrn Hübner zum ersten Mal. Wir schütteln uns die Hände und stellen uns vor, dann sagt er: »Ich würde bei der Betriebsversammlung gerne über die Inventurergebnisse sprechen.«

»Kein Problem, ich plane den Tagesordnungspunkt ein«, sage ich.

Nachdem die anderen Themen besprochen sind, erteile ich Hübner das Wort. »Die Inventurergebnisse waren zuletzt nicht so gut«, beginnt er. »Die Geschäftsleitung vermutet, dass es vermehrt zu Diebstählen kommt. Deshalb würden wir gerne Kameras in der Filiale installieren.«

Meine Kollegen und ich schauen uns verwundert an. Von Kameras war hier noch nie die Rede.

»Sie wissen, dass diese Frage mitbestimmungspflichtig ist, nicht wahr?«, sage ich.

»Ja, deshalb bringe ich es hier zur Sprache.«

»Und wie soll das genau ablaufen?«

»Es werden an verschiedenen Stellen Kameras angebracht, die von einer Detektei überwacht werden. Wir sind sicher, dass wir damit die Verluste durch Diebstahl reduzieren können.«

»Ich weiß ehrlich gesagt nicht, ob mir das so recht ist«, sage

190

ich. Und an die Kolleginnen gerichtet: »Wollt ihr denn, dass ihr überwacht werdet?«

Hübner sagt sofort: »Aber mit den Kameras werden doch nicht die Mitarbeiter überwacht, sondern potenzielle Diebe unter den Kunden.«

»Moment mal, Herr Hübner. Jetzt rede ich«, falle ich ihm ins Wort. Als Betriebsrätin leite schließlich ich die Betriebsversammlung und nicht der Verkaufsleiter. »Also Mädels, was denkt ihr?«

»Was bedeutet das denn?«, fragt Maria.

»Wenn beispielsweise im Lager eine Kamera hängt und ihr räumt gerade die Paletten um, dann könnt ihr dabei jederzeit beobachtet werden«, erkläre ich. »Ob ihr in der Nase popelt oder euch am Hintern kratzt – irgendjemand kann das alles sehen. Wenn euch das T-Shirt beim Bücken hochrutscht, ist es genauso. Man kann euch den ganzen Tag überwachen.«

Jetzt sprechen alle durcheinander: »Wir sind doch nicht blöd«, »Wir lassen uns doch nicht die ganze Zeit beobachten«, »Uli, müssen wir das akzeptieren?«

»Nein, das müssen wir nicht. Der Betriebsrat kann das ablehnen.«

»Also, dann wollen wir die Kameras nicht.« Die Kolleginnen sind sich einig.

Daraufhin sage ich zu Hübner: »Sie haben es gehört. Die Belegschaft will keine Kameras in der Filiale. Ich kann Ihnen das gerne schriftlich geben.«

»Das ist nicht nötig«, sagt der Verkaufsleiter zerknirscht. »Ich akzeptiere es auch so.«

Die Diskussion ist damit beendet. Das Thema kommt nicht mehr zur Sprache.

Einige Zeit später, Ende März 2008, bekomme ich zu Hause einen Anruf. Ich bin immer noch krankgeschrieben. Es ist eine Journalistin, die ich flüchtig kenne. »Haben Sie schon mitbekommen, was bei Lidl passiert ist?«, fragt sie.

»Nein, ich hatte einen Arbeitsunfall und bin seit Längerem zu Hause. Was ist denn los?«

»Der *stern* berichtet, dass die Mitarbeiter bei Lidl systematisch überwacht werden. In Hunderten Filialen wurden geheime Kameras installiert. Detektive haben akribisch protokolliert, welcher Angestellte wann was gemacht hat, worüber sich die Leute unterhalten haben und so weiter.«

»Ist das wahr?«

»Aber ja, das Magazin zitiert seitenweise aus Protokollen, in denen alles festgehalten ist: Von der Pausendauer über Toilettengänge bis hin zu Details aus dem Beziehungsleben. War Überwachung bei Ihnen denn nie ein Thema?«

Ich erinnere mich an unsere letzte Betriebsversammlung und berichte davon: »Doch, das ist auch noch gar nicht lange her. Da wollte unser Verkaufsleiter Kameras in der Filiale installieren. Das habe ich als Betriebsrätin aber nach einer Diskussion mit den Kolleginnen abgelehnt.«

»Aha, interessant. Ich schicke Ihnen den Artikel zu. Dann können Sie sich ein Bild machen, und ich rufe Sie später noch mal an.«

Mit Entsetzen lese ich den Bericht. Ich habe bei Lidl ja schon viel erlebt, aber das Ausmaß der Bespitzelung überrascht mich dann doch. Dass die Mitarbeiter derart systematisch und bis in den persönlichen Bereich hinein überwacht wurden, hätte selbst ich nicht für möglich gehalten. Markus, ich und die anderen Gewerkschaftskollegen hatten zwar bereits vermutet, dass Lidl im Zweifelsfall auch auf solche Methoden zurückgreifen könnte – deshalb haben wir in der Filiale möglichst keine delikaten Angelegenheiten besprochen. Aber dass es so weit geht, ist für alle ein Schock. Das Lidl-Management tut zunächst so, als sei die Schnüffelei im

Privatleben der Mitarbeiter ein Alleingang der Detektive gewesen, von dem man nichts gewusst habe. Dabei hatte ver.di bereits im »Schwarzbuch Lidl« im Juni 2006 aus einem derartigen Bespitzelungsprotokoll zitiert. Und zwei Jahre zuvor hatte Lidl-Chef Dieter Schwarz gar den »Big Brother Award« wegen der Überwachung von Mitarbeitern erhalten.

Zum Glück haben wir einen Betriebsrat, denke ich, als ich den *stern* zuschlage. Andererseits: Wenn so etwas schon in anderen Filialen geschieht, was ist dann erst bei uns gelaufen? Haben sie uns abgehört oder sonstwie beobachtet? Der Gedanke, auch in meinem Privatleben könnte herumgeschnüffelt worden sein, hinterlässt ein mulmiges Gefühl.

Gleich am nächsten Tag beginnt der Medienrummel. Ständig klingelt das Telefon. Verschiedene Fernseh- und Radiosender wollen Interviews mit mir führen. Ob es auch in unserer Filiale Kameras gebe? Was ich als Betriebsrätin von dem Vorgehen des Unternehmens halte? Ob ich Lidl so etwas zugetraut hätte? Zum Teil werden die Interviews telefonisch geführt, einige mit Kamera direkt vor der Filiale. Ich bin nervös, rauche noch mehr als sonst. Es fühlt sich zwar gut an, dass sich andere für meine Meinung interessieren. Aber ich bin unsicher: Was darf ich sagen, was nicht? Ich rufe Hilmar an: »Die ganze Zeit melden sich irgendwelche Journalisten bei mir. Wenn ich bei den Interviews etwas Kritisches über Lidl sage, kann ich dann wegen betriebsschädigenden Verhaltens gefeuert werden?«

»So einfach nicht. Es gibt schließlich Meinungsfreiheit. Du musst halt abwägen, was geht und was nicht. Aber mach dir nicht allzu viele Gedanken, Ulrike. Du sagst eigentlich sowieso immer das Richtige.«

Das Vertrauen des Gewerkschafters tut mir gut. Langsam werde ich ein wenig sicherer. Aber dann kommt ein Anruf von der ARD-Redaktion »Menschen bei Maischberger«. Eine freundliche Frau sagt: »Wir machen nächsten Dienstag, am 1. April, eine Sendung zum Thema: ›Sind Frauen weniger wert?‹ Dazu würden wir Sie gerne einladen.«

»Wie kommen Sie da gerade auf mich?«

»Als Mutter von fünf Kindern, die mitten im Berufsleben steht, haben Sie doch einiges mitgemacht. Das interessiert uns.«

Davon, dass Frauen in dieser Gesellschaft »weniger wert« sind, bin ich überzeugt. Ich sage zu. Erst nachher wird mir klar, warum sie ausgerechnet mich eingeladen haben: Sechs Tage zuvor ist die *stern*-Story zum Lidl-Skandal erschienen. Seither vergeht keine politische Sendung ohne Bezugnahme auf die Überwachung bei dem Discounter.

Ich bin viel nervöser als bei den bisherigen Interviews. Schließlich wird die Sendung direkt nach der Aufzeichnung vor einem Millionenpublikum ausgestrahlt. Am Flughafen werde ich von einem Chauffeur abgeholt, der mich zum Studio bringt. Alles geht sehr hektisch zu. In der Maske werde ich völlig übertrieben geschminkt. Sie kleben mir sogar falsche Wimpern an. Ich lasse alles über mich ergehen. Dann beginnt die Diskussionsrunde. Überall sind Kameras, mir wird ganz heiß. Doch in der ersten halben Stunde komme ich nicht zu Wort. Es geht unter anderem um die hessische SPD-Vorsitzende Andrea Ypsilanti und ihren Umgang mit der Linkspartei. Obwohl ich das Thema relativ langweilig finde, ist mir das recht.

Hoffentlich werde ich nicht so oft angesprochen, denke ich. Sonst erzähle ich irgendeinen Mist, der mir nachher leidtut. Die anderen sind Medienprofis: Neben Ypsilanti sind zum Beispiel die ehemalige »Tagesthemen«-Moderatorin Barbara Dickmann und der Schauspieler Claude-Oliver Rudolph dabei – Menschen, die ich bisher nur aus dem Fernsehen kannte. Sie können sich so gut ausdrücken und reden vor den Kameras, als würden sie sich nachmittags beim Kaffee mit Freunden unterhalten. Mir hingegen fehlen oft die richtigen Worte.

Schließlich richtet Frau Maischberger ihre erste Frage an mich: »Machen Sie Lidl Angst, weil Sie durchgesetzt haben, einen Betriebsrat zu gründen?«

»Das denke ich nicht«, sage ich vorsichtig. Ich darf jetzt bloß nichts Falsches sagen, das kann ich schließlich nicht mehr zurücknehmen. »Als Betriebsrätin mache ich ja nichts anderes, als das Betriebsverfassungsgesetz einzuhalten.« Damit bin ich auf der sicheren Seite.

Natürlich geht es auch um den Überwachungsskandal, aber nur als Nebenthema. Frau Maischberger will vor allem wissen, wie es Frauen in der »Lidl-Welt« ergeht. Ich berichte davon, wie ich mit 35 Jahren als Filialleiterin schon für »zu alt« gehalten wurde. Ich erzähle, welche Probleme vielen Kolleginnen die Teilzeitverträge bereiten, und von den Schwierigkeiten, Familie und Vollzeitarbeit unter einen Hut zu bekommen: »Wo soll ich denn meine Kinder zum Beispiel als Alleinerziehende hingeben, wenn der Laden jetzt auch noch am Sonntag geöffnet ist?« Ich merke, dass ich doch einiges zu sagen habe – auch wenn es nicht so locker und intellektuell daherkommt wie bei den anderen.

Nach der Sendung gibt es ein hervorragendes Essen. Ich schlafe in einem schicken Hotel. Beschwingt fahre ich am nächsten Tag nach Hause. Meine Tochter hat die Sendung aufgenommen, sofort schauen wir sie zusammen an. Meine gute Stimmung ist schlagartig weg: O Gott, das kann nicht ich sein! Was da aus meinem Mund kommt, ist so nichtssagend. Ich bin frustriert. Mich lädt bestimmt niemand mehr zu einem Fernsehauftritt ein. Aber für mich ist sowieso klar: Das mache ich nicht noch einmal.

15

LERNT LIDL?

Doch gleich am nächsten Tag ruft ein ver.di-Funktionär bei mir an. »Die Redaktion von ›Anne Will‹ hat sich bei uns gemeldet. Sie will eine Lidl-Betriebsrätin auf die berühmte Couch setzen. Kannst du das nicht machen?«

»Eigentlich wollte ich nirgendwo mehr hingehen. Ich fand mich bei Maischberger nicht so klasse.«

»Ach was, du warst doch super. ›Anne Will‹ ist eine politische Sendung und eine tolle Gelegenheit, die Situation bei Lidl vielen Menschen bekannt zu machen. Das müssen wir nutzen.«

»Ich weiß nicht. Mir ist das alles fremd. Ich kann auch nicht so gut reden wie die anderen Gäste bei diesen Sendungen.«

»Das erwartet doch auch niemand. Du brauchst dich schließlich nicht zu verstellen. Sag einfach, was du denkst. Das ist zehnmal besser als das ganze sonstige Geschwafel dort.«

Schließlich lasse ich mich weichklopfen und sage zu.

Drei Tage später ist es so weit. »Bespitzelt, ausgeliehen, unterbezahlt – Vollbeschäftigung um jeden Preis« ist der Titel der Sendung. Vor allem Linksparteichef Oskar Lafontaine und der Enthüllungsjournalist Günter Wallraff nehmen in der Debatte kein Blatt vor den Mund. Wallraff spricht mir aus der Seele, als er kritisiert, dass in vielen Unternehmen – nicht nur bei Lidl – gewerkschaftliche Aktivitäten und die Wahl von Betriebsräten systematisch unterbunden werden.

Die Moderatorin Anne Will stellt mich als »absolute Exotin« vor. Auf die Frage, ob die Bespitzelung für mich eine Überraschung war, sage ich: »Die Mitarbeiter leben eigentlich schon immer in Angst und mit Unterdrückung.« Oje, das ging jetzt wahrscheinlich zu weit. Deshalb schiebe ich hinterher: »Lidl hat seinen Führungsstil aber sehr verbessert, muss ich betonen.«

Dann berichte ich von der Ausgliederung der Filiale in F. – ohne zu behaupten, dies sei wegen des dortigen Betriebsrats geschehen. Hilmar hatte mich zuvor gewarnt, diesen Verdacht öffentlich zu äußern.

»Hat Ihnen das Angst gemacht?«, fragt die Moderatorin.

»Ja, sehr.«

»Warum haben Sie trotzdem weitergemacht?«

»Irgendjemand muss ja mal sagen: Wir haben in Deutschland Gesetze, warum werden die nicht angewandt?« Dafür bekomme ich spontanen Applaus des Publikums.

Per Einspieler äußert sich erstmals ein hochrangiger Lidl-Manager im Interview zu dem Überwachungsskandal. In dem Video fragt Anne Will: »Sie wollen also keine Betriebsräte?«

»Die Mitarbeiter entscheiden, ob sie einen Betriebsrat wollen oder nicht. Wir haben 48 000 Mitarbeiter, die sind zufrieden.«

Über diese Behauptung des Managers kann ich nur lachen. Ich rede viel freier als beim letzten Mal. Auch nach der Sendung stelle ich mich einfach zu den anderen Gästen und diskutiere offen mit – und werde ernst genommen.

An dem Abend nimmt mich Günter Wallraff zur Seite und sagt: »Wir müssen miteinander reden. Ich arbeite gerade an einer spannenden Geschichte über ein Unternehmen, das ausschließlich Lidl beliefert. Die Arbeitsbedingungen dort sind miserabel.«

Tatsächlich veröffentlicht Wallraff wenige Wochen später in der ZEIT eine Reportage, die mir eine weitere Facette des

»Systems Lidl« vor Augen führt: die extreme Ausbeutung von Beschäftigten in den Zulieferbetrieben (www.zeit.de/2008/19/Wallraff-19).

Drei Tage darauf bin ich schon wieder zu einer Talkshow eingeladen, dieses Mal bei »Quergefragt« im SWR-Fernsehen. In Baden-Württemberg sitzt auch die Neckarsulmer Lidl-Zentrale. Ich bin bereits auf dem Weg zum Flughafen, als mich eine SWR-Mitarbeiterin auf dem Handy anruft: »Frau Schramm-de Robertis, wir müssen Ihnen etwas sagen.«

»Um was geht es?

»Herr G. wird auch in die Sendung kommen.«

»Wer ist das?« Muss ich mit diesem Namen etwas anfangen können?

»Wissen Sie das nicht? Das ist der Vorsitzende des Aufsichtsrats der Lidl-Stiftung.« Nach einer kurzen Pause fragt sie: »Sie kommen aber trotzdem, oder?«

»Wissen Sie, ich stecke schon so weit in der Scheiße – da ist das auch egal.«

Nachdem ich aufgelegt habe, überkommt mich ein Schauer. Da habe ich wieder leichtfertig etwas versprochen. Jetzt kann ich nicht mehr zurück. Doch je näher ich Mainz komme, wo die Talkrunde stattfinden soll, desto mehr beruhige ich mich. Es stellt sich eine Art Galgenhumor ein. Kurz vor der Livesendung rufe ich meinen Gewerkschaftssekretär an und scherze: »Hilmar, schau auf die Uhr. Wir haben jetzt 18.30 Uhr. Mir geht's gut, ich bin bei bester Gesundheit. Solltest du morgen erfahren, dass mir etwas passiert ist, weißt du Bescheid.«

Hilmar lacht. »Jawohl, Ulrike, ich schreib es mir auf: 18.30 Uhr.« In ernsterem Ton fragt er: »Was ist los?«

»Ich bin gleich in einer Livediskussion beim SWR – mit dem Lidl-Chef!«

»Hm, das ist schon eine andere Schiene. Mach trotzdem einfach das, was du immer gemacht hast: Sag, was du denkst. Aber pass ein wenig auf, wie du die Dinge formulierst. Du schaffst das schon.«

Ich betrete das SWR-Gebäude und sehe einen großen Mann im Anzug. Seine braunen Haare hat er zum Seitenscheitel gekämmt, die Schläfen sind leicht angegraut. Neben ihm lehnt eine schicke Dame an einem Stehtisch. Da mein Fuß immer noch nicht ganz geheilt ist, humpele ich etwas. Der Mann kommt auf mich zu. »Guten Tag, Sie sind Frau Schramm-de Robertis? Schön, dass ich Sie einmal kennenlerne. Ich bin Herr G.«

Die Frau an seiner Seite stellt sich als Lidl-Pressesprecherin vor.

Die Hand, die ich den beiden entgegenstrecke, ist – das wird mir unangenehm bewusst – verschwitzt. Ich bin jetzt doch sehr nervös.

»Ich habe gehört, dass Sie krank sind. Geht es Ihnen mittlerweile besser?«, fragt G.

»Ja, ich bin auf dem Weg der Besserung.«

Nach einigen weiteren Sätzen Small Talk kommt eine Frau und zieht mich weg. »Frau Schramm, dann gehen wir mal in die Maske.«

Als wir einige Meter gelaufen sind, sagt die SWR-Redakteurin: »Ich hoffe, dass das in Ihrem Sinne war und Sie nicht unbedingt mit Herrn G. sprechen wollen.«

»Das stimmt, ich bin sowieso schon aufgeregt.«

In der Sendung kritisiert der Schauspieler und ver.di-Aktivist Rolf Becker zunächst heftig den Umgang des Konzerns mit seinen Beschäftigten. Er berichtet von den Behinderungen bei einer Betriebsratswahl, die er selbst erlebt habe.

G. bestreitet die Vorwürfe. »Ich bin nicht gegen Betriebsräte. Ich bin dafür, dass die Mitarbeiter, die das freiwillig wollen, das auch initiieren«, sagt der Manager. Allerdings sei er gegen »gewerkschaftsgeführte Betriebsräte«.

Nun fragt die Moderatorin mich nach meinen Erfahrungen. Ich wende mich an den Lidl-Boss: »Sie wissen gar nicht, was bei uns los ist und war. Die Mitarbeiter mussten unbezahlte Überstunden machen, in ihrer Freizeit zum Putzen in die Filiale kommen, wurden schikaniert und in aller Öffentlichkeit angeschrien.« Ich denke an all die Schikanen, die ich und die anderen erlebt haben. Auf einmal kommt alles hoch. Ich erzähle, wie Dettmann versucht hat, mich fertigzumachen, welche Angst ich hatte.

Mit zitternder Stimme sage ich: »Wollen Sie das? Dass die Mitarbeiter nichts sagen oder machen, weil sie Angst haben, ihre Arbeitsstelle zu verlieren. Ist das gewollt? Warum verbreitet Lidl Angst und Schrecken?« Mir schießen Tränen in die Augen. Alles ist auf einmal wieder so nah. Endlich kann ich die Kritik an der richtigen Stelle anbringen. Hier sitzt der Mann, der das alles ändern könnte. Ich kann ihm direkt sagen, was ich und meine Kollegen erdulden mussten. Ich lasse alles raus.

Nachdem ich zu Ende gesprochen habe, ist es für einen kurzen Moment ganz ruhig im Studio. G. stammelt: »Das wusste ich nicht. Glauben Sie mir, ich bin gerade aus dem Urlaub gekommen, und das mit der Überwachung war mir nicht bekannt. Und das, was Ihnen und vielleicht noch anderen Mitarbeitern widerfahren ist, ebenfalls nicht.«

»Dann ändern Sie etwas. Lassen Sie endlich die Gründung von Betriebsräten zu.«

Lidl werde nicht gegen die Wahl von Interessenvertretungen vorgehen, verspricht der Manager daraufhin und bekräftigt: »Die Organisation muss darauf ausgerichtet werden, dass sie auch mit ihren Betriebsräten umgehen kann.«

Ich bin ungeheuer aufgewühlt. Und ich habe Angst. Jetzt

bin ich bestimmt zu weit gegangen. Im Anschluss an die Talkrunde kommen Zuschauer auf mich zu und schütteln mir die
Hand. »Sie trauen sich, das zu sagen, was viele denken«, sagt
eine und will sich mit mir fotografieren lassen. Der Zuspruch
macht mich etwas gelassener.

G. betont auch im Anschluss an die Sendung immer wieder, dass sich im Unternehmen etwas ändern wird. Ich glaube
ihm. Beim Abschied sagt der Manager: »Frau Schramm, wir
werden ein Projekt starten und dafür Sorge tragen, dass jeder
die Führungs- und Verhaltensgrundsätze unseres Unternehmens lebt. Sie werden in diesem Zusammenhang bald von
mir hören. Und falls Sie irgendwo der Schuh drückt, können
Sie mich jederzeit anrufen.«

Ich bekomme die Telefonnummer der Pressesprecherin,
über die ich ihn immer erreichen könne. Voller Hoffnung
steige ich am nächsten Tag in den Flieger nach Hause. Nun
weiß derjenige, der die Macht hat, was los ist. Vielleicht ändert sich ja jetzt etwas.

Bald darauf ist mein Fuß so weit geheilt, dass ich ohne Ein-
schränkungen und Schmerzen laufen kann. Ich gehe wieder
zur Arbeit. In meiner ersten Woche bekomme ich zu Hause
einen Anruf. Es ist Herr Reimann, mein ehemaliger Verkaufsleiter: »Es freut mich, dass Sie wieder gesund sind. Ich fühle
mich ja nicht ganz unschuldig an Ihrem Unfall«, sagt er.

»Ach was«, antworte ich. »Dafür konnten Sie doch nichts.
Ich war einfach wieder mal zu hektisch.«

Schnell kommt Reimann auf die Fernsehauftritte zu sprechen: »Bei Ihnen ist ja einiges los. Aber ich gebe Ihnen einen guten Rat: Passen Sie auf. Sie haben Glück gehabt, dass
Sie bislang nichts gesagt haben, woran Lidl Anstoß nehmen
könnte. Ich meine es nur gut mit Ihnen – seien Sie vorsichtig.«

Das ist eindeutig eine Warnung. Ich vermute, dass sie nicht allein von Reimann kommt.

Mediale Schützenhilfe bekommt Lidl von der Springer-Presse. Während andere Medien ausführlich über den Überwachungsskandal berichten, ist das Thema der *Bild*-Zeitung zunächst nur 23 Zeilen wert. Dann bringt das Blatt ein ausführliches Interview, in dem G. seine Sicht darstellen kann. Der Manager kündigt darin eine Prämie von 300 Euro für alle Lidl-Mitarbeiter an, weil sie »in dieser Situation so zum Unternehmen gehalten haben«. Wie zum Beweis erscheint kurz darauf eine ganzseitige Anzeige in der *Bild*, mit der sich angeblich Angestellte des Discounters zu Wort melden. »Wir vertrauen Lidl – vertrauen Sie uns«, steht darin in großen Lettern. Dass es sich um eine Anzeige handelt, ist wegen des Layouts nur schlecht zu erkennen. Kaum zwei Wochen nach der »Anne Will«-Sendung werden sogar 500 Lidl-Beschäftigte nach Karlsruhe gefahren, um dort unter dem Motto »Wir arbeiten gern bei Lidl« und »Wir brauchen keine Gewerkschaft« für ihren Arbeitgeber zu demonstrieren. Beim Anblick dieser Bilder ärgere ich mich maßlos.

Die angeblich selbst organisierten Aktivitäten der Lidl-Mitarbeiter sind auch Thema bei der ZDF-Sendung »Kerner«, in der G. mit Günter Wallraff und dem *stern*-Journalisten Markus Grill diskutiert. Ich sitze gespannt vor dem Fernseher. Wird er nun endlich konkrete Verbesserungen ankündigen?

Erneut betont der Manager, er sei »erschüttert« gewesen, als er nach seinem Urlaub von den Ereignissen erfahren habe. Doch dann behauptet er, das alles seien Einzelfälle und die Mehrheit der Mitarbeiter sei »sehr zufrieden«. Grill hält dagegen, dass Lidl nicht nur die Anzeigen bezahlt, sondern auch Führungskräfte als einfache Mitarbeiter ausgegeben habe.

Dann geht es um die von Wallraff aufgedeckten menschenunwürdigen Arbeitsbedingungen in einer Großbäckerei, die ausschließlich Lidl beliefert. »Haben Sie denn gelesen, was ich geschrieben habe?«, fragt Wallraff.

G. schüttelt den Kopf, verzieht abfällig den Mund und sagt: »Nein, habe ich nicht.« Dann fügt er hinzu: »Sie leben doch davon, dass Sie solche Berichte schreiben. Ich würde mir lieber selbst ein Bild davon machen.«

Das hätte er besser nicht sagen sollen, denn Wallraff nimmt ihn beim Wort: »Lassen Sie uns einen Deal machen«, schlägt er vor und streckt G. die Hand entgegen. »Sie sind doch ein Sportsmann, ein Golfspieler. Wir machen da zusammen ein bis zwei Schichten, dann wissen Sie, wie anstrengend das ist.«

Empört antwortet Herr G.: »Ich mache hier doch nicht Shakehands mit einem Herrn Dings! Ich gehe da nicht mit Ihnen hin, da sehe ich überhaupt keine Notwendigkeit.«

Ich bin sprachlos. Was für eine Arroganz! Dies ist also das wahre Gesicht des Lidl-Managers. Ich hatte ihm geglaubt, dass er die Kritik ernst nimmt und tatsächlich etwas ändern will. Hier hat sich das Gegenteil gezeigt.

Auch danach werde ich von der Lidl-Spitze immer wieder enttäuscht. Als mir das von G. nach der »Anne Will«-Sendung angekündigte Projekt zur Verbesserung der Zusammenarbeit im Unternehmen vorgestellt wird, habe ich große Erwartungen: Vielleicht akzeptiert der Konzern nun endlich den Vorschlag von ver.di, eine Vereinbarung zur Gründung von Betriebsräten zu unterzeichnen. Dann müsste nicht mehr in jeder einzelnen Filiale eine Beschäftigtenvertretung durchgesetzt werden, sondern die Wahlen könnten auf regionaler Ebene stattfinden. Gegen einen solchen Vertrag – der in anderen Einzelhandelsunternehmen gang und gäbe ist – hat sich Lidl stets gesperrt.

Doch das Projekt hat nichts mit der Wahl von Betriebsräten zu tun. Stattdessen erschöpft es sich in Appellen an die Mitarbeiter, die sehr allgemein gehaltenen »Führungs- und Verhaltensgrundsätze« des Unternehmens umzusetzen.

Am Umgang des Konzerns mit Betriebsräten hat sich trotz der anhaltenden medialen Aufregung wenig geändert. In Baden-Württemberg versuchte das Management noch eine ganze Zeit lang, eine unliebsame Beschäftigtenvertretung durch juristische Winkelzüge loszuwerden.

Wo sich etwas verändert hat, ist bei uns und in unserer Regionalgesellschaft: In unserer Lidl-Filiale gibt es keine regelmäßigen, unbezahlten Überstunden mehr. Hier wird so weit wie möglich Rücksicht genommen auf familiäre und sonstige Verpflichtungen der Beschäftigten. Es gibt keine versteckten Kameras. Niemand wird angeschrien und fertiggemacht. Die Kolleginnen und Kollegen gehen ohne Angst zur Arbeit. Der Betriebsrat, der inzwischen auch von der regionalen Geschäftsleitung in die Entscheidungsprozesse eingebunden wird, schützt sie vor Willkür und sorgt für die Einhaltung der Gesetze und Tarifverträge.

Das haben wir erreicht. Nicht durch Appelle an die Gutmütigkeit des Arbeitgebers, sondern weil wir gemeinsam für unsere Rechte eingetreten sind.

Jürgen Becker/Franz Meurer/Martin Stankowski. Von
wegen nix zu machen ... Werkzeugkiste für Weltverbesserer.
KiWi 989

An vielen Stellen läuft die Entwicklung böse aus dem
Ruder, und wir müssen etwas dagegen tun. Dieses
Buch soll Appetit machen auf gute Taten, freche Ver-
änderungen und Ideen, auf die noch niemand gekommen ist. »Wer was macht, hat Macht.«

www.kiwi-verlag.de

Günter Wallraff. Aus der schönen neuen Welt. KiWi 1069

Günter Wallraff ist zurück! Ob als Mitarbeiter im Callcenter, als Niedriglöhner in einer »Lidl«-Bäckerei oder als Obdachloser, der den Winter auf der Straße verbringt – Wallraff ist wieder undercover unterwegs und gewährt neue schockierende Einblicke in den Alltag eines reichen, armen Landes.

www.kiwi-verlag.de